P.M.

Warum haben wir eigentlich immer noch Kapitalismus?

Und andere Fragen

Der Autor

P.M., geboren 1947, wurde mit seinem ersten Roman *Weltgeist Superstar* (1980) im deutschsprachigen Raum bekannt.

bolo'bolo, eine Art Glossar für eine andere Welt, erschien 1983 und wurde in zahlreiche Sprachen übersetzt, unter anderem in Russisch, Türkisch und Hebräisch. Seitdem erschien eine ganze Reihe von Romanen, Sachbüchern, Spielen und Theaterstücken. P.M. war aktiv in der Zürcher Hausbesetzungsszene und engagiert sich im genossenschaftlichen Wohnungsbau und in der urbanistischen Diskussion – zuletzt mit dem Buch *Die Andere Stadt* (2017).

Zuletzt bei Hirnkost erschienen: *Das Gesicht des Hasen. Ein terrestrischer Roman* (2019) und P.M. als Rodulf, Ritter von Gardau, in: *Die große Fälschung* (ein zehnbändiger utopischer Mittelalter-Roman, ab Mai 2020).

Inhalt

»Ich sage, dass die Arbeit selbst schädlich, unheilvoll, ist.«

KARL MARX[1]

Die alte Dauerkrise, das alte Jammern

Alle reden von der nächsten Krise des gegenwärtigen Wirtschaftssystems, manchmal scherzhaft Kapitalismus genannt. Auf jeden Fall stockt wieder einmal das Wachstum. Der IWF stößt Warnungen aus. Das Sekretariat für Wirtschaft korrigiert nach unten. Die Blase hingegen dehnt sich weiter aus, gefüttert mit billigem Geld, Staatsschulden, Steuersenkungen. Was passiert, wenn sie platzt?

Was aber, wenn Kapitalismus und Krise Synonyme sind? Man könnte es auch so sehen, dass die letzten 250 Jahre nur kapitalistische Krisenbewältigung waren. Zuerst hieß das Heilmittel Kolonialismus, dann Imperialismus, dann Deficit Spending, dazwischen immer wieder Krieg (eine Form von materieller Amortisation mit anschließendem Wiederaufbauboom), dann wieder mehr Globalisierung, nun Quantitative Easing und Negativzinsen (billiges Geld). Um zu überleben, brauchte der Kapitalismus immer noch etwas anderes als Kapitalismus, das er ausrauben konnte.[2]

1. MEW 40, S. 476.
2. Das war bekanntlich die bedeutsame Entdeckung von ROSA LUXEMBURG.

Dieser Krisenparcours des Kapitalismus ist ungeheuer zerstörerisch, weil er wesentlich extraktionistisch ist und nicht nachhaltig sein kann. Landschaften, Menschen, gesellschaftlicher Zusammenhalt, das Klima, die Artenvielfalt werden beschädigt, um das Wachstum aufrechtzuerhalten, das notwendig ist, um 200 Billionen Dollar Schulden wenigstens theoretisch als bedienbar erscheinen zu lassen. Der Kapitalismus ist eine intrinsisch lebensfeindliche Maschinerie. Wir sind ein Teil davon.

Trotz dieser grundsätzlichen Einsicht versucht die Linke seit 150 Jahren hauptsächlich von Aufschwüngen zu profitieren und Abschwünge zu mildern. Das ist unter anderem so, weil der historische Charakter dieser Extraktionsmaschine entweder verdrängt oder gar nie richtig verstanden wurde. Zwar verstand MARX das Funktionieren des Kapitalismus sehr wohl, doch ist seine Analyse bei der Linken nie wirklich angekommen. Der von ihm geforderten Abschaffung der Lohnarbeit hat sie immer die Sicherung oder Erhöhung der Löhne vorgezogen. So blieb sie der »Krankenwagen des Kapitalismus« (STEINBRÜCK).

Kapital und Linke: gemeinsam in den Untergang?

Immerhin konnte man bisher sagen: Das war besser als nichts. Doch nun ist der linke Reformismus zusammen mit seinem Partner, dem Kapital, in eine ausweglose Sackgasse geraten, die die Spielräume für Reformismus verringert hat. Darum ist nicht nur das Weltkapital, sondern auch die traditionelle Linke heute in Krise. Oft werden sie sogar als Komplizen gesehen: das globalisierte neoliberal-linke Establishment. Ein Fressen für die Rechte! Der Glauben an linke Konjunkturpolitik und kleine Reparaturen ist geschwunden. Entweder zieht man sich resigniert zurück oder schlägt populistisch um sich.

Das Krisenprogramm der *Denknetz*-Arbeitsgruppe[3] ist ein Beispiel für das linke Business as usual. Da wird als erstes eine Krisenabgabe von 20 % auf hohe Vermögen vorgeschlagen, die 200 Milliarden Franken erbringen soll. Damit sollen unbegrenzte Arbeitslosengelder, ein Investitionsprogramm, ökologischer Umbau usw. finanziert werden. Ganz ähnlich kommen die (nicht ganz ernst gemeinten) Forderungen in der *WOZ*[4] vom 8. November daher: gleicher Lohn für alle, 24-Stunden-Woche, Verstaatlichung der Tech- und Pharmagiganten, Tilgung der Staatsschulden durch die Besitzenden usw. Warum fordert man nicht (wenn wir schon mal in Forderungslaune sind): Verzicht des Kapitalismus auf sich selbst und seine Krisen und Einführung einer normalen Wirtschaftsordnung? Eine vernünftige Ökonomie im Interesse aller braucht keine Krisen: Man ermittelt einfach (demokratisch) den Bedarf und produziert dann zusammen, was man braucht. Dann teilt man es gemäß den Bedürfnissen. Da kann nichts schiefgehen, wenn man die ökologischen Grenzen beachtet. Mit Unterstützung durch digitale Algorithmen ist heute eine solche Abstimmung von Produktion und Konsumation sogar leichter denn je.[5]

Es hat schon immer einer Mehrheit eingeleuchtet, dass man die Reichen enteignen und mit ihrem uns geraubten Vermögen die Armut abschaffen sollte. Warum ist es nicht längst geschehen? Warum nicht schon in der Antike? Wir hatten immer schon die gesellschaftliche Mehrheit – warum sind wir eine politische Minderheit geblieben?

Der »tiefe« Kapitalismus

Es scheint, dass die historische Formation, mit der wir es hier zu tun haben, viel hartnäckiger ist, als wir, inklusive MARX, das bisher gedacht hatten. Schon zu oft ist ihr Ende verkündet worden (MARX sah es einmal um 1857; einige von uns 2008). Es scheint, dass wir es hier nicht mit irgendeinem Wirtschaftssystem zu tun haben, sondern mit etwas viel »Tieferem«.

3. *Das Denknetz*, Nr. 004, Oktober 2018, S. 5.
   Das Denknetz ist ein Thinktank der SP Schweiz und der Gewerkschaften.
4. Die *Wochenzeitung* ist eine linke Zeitung in der Schweiz.
5. Mit ein paar größeren Apps, die Produktion und Konsumation abstimmen, sollte das zu schaffen sein (vielleicht analog zu Dating-Plattformen). Hausarbeit und Landwirtschaft kann man gleich selbst verwalten – siehe *Ein Vorschlag* im Anhang (S. 77).

Der Kapitalismus hat sogar sogenannte kommunistische Intermezzi problemlos nicht nur überstanden, sondern sie sich als Teil seines Akkumulationsprogramms einfach einverleibt. Ganz Osteuropa wurde auf Null abgeschrieben und neu verwertet. Vielen sitzt noch die praktisch widerstandslose Annexion der DDR durch die BRD in den Knochen: Wie konnte es geschehen, dass eine ganze Gesellschaftsformation einfach getilgt wurde? Ein Grund besteht sicher darin, dass auch die DDR nicht kommunistisch, sondern höchstens kommandokapitalistisch war, und dass es gar nicht so viel zu verteidigen gab. Kommunismus ist kein Thema mehr.[6] Die Erleichterung, *diese Art* von Kapitalismus losgeworden zu sein, war stärker als die Lust, etwas ganz Anderes zu versuchen. (BÄRBEL BOHLEY hat mir das damals in einem Brief so geschildert.)

Heute, 30 Jahre später, stellen viele Ostdeutsche fest, dass das, was die Parteipropaganda über den Kapitalismus im Westen sagte, eben wahr war (im Gegensatz zu dem, was sie über die DDR selbst sagte). Nun können sie also weder vorwärts noch zurück: überall nur Kapitalismus, so weit das Auge reicht! In dieser kognitiven Zwickmühle haben Rechtspopulist*innen freie Bahn. Die fehlende Alternative zum Kapitalismus wird zur vermeintlichen Alternative für Deutschland umgebogen. Wenn es nicht vorwärts gehen kann oder darf, dann geht es eben rückwärts. Oder sonst irgendwohin.

Das »Böse« ist älter, als wir denken, und anders

Ein Ansatz, diese seltsame Hartnäckigkeit des Kapitalismus zu erklären, könnte darin bestehen, ihn nur als letzte Verpuppungsform eines schon seit Jahrtausenden triumphierenden Patriarchats zu verstehen. Dies war die These der Bielefelder Feministinnen um MARIA MIES, VERONIKA BENNHOLT-THOMSEN und CLAUDIA VON WERLHOF. Statt von nur 250 Jahren kapitalistischer Krise reden wir von 5.000 Jahren patriarchaler Krise.

6. Außer vielleicht in der chinesischen Propaganda und bei ŽIŽEK.

Um gleich allen Missverständnissen vorzubeugen: Patriarchat heißt nicht (biologisch verstandene) Männerherrschaft. Auch Frauen hätten ein gewalttätiges Patriarchat errichten können, es hätte dann vielleicht Amazonat geheißen. (Die Angst vor dieser Variante saß den Männern seit jeher in den Knochen: HERAKLES musste HIPPOLYTE umbringen, obwohl er sie liebte.) Patriarchat ist eine bestimmte Art, mit der natürlichen Umwelt, mit seinen Mitmenschen, mit den Dingen, umzugehen. Es ist ein Verfahren, keine Menschengruppe.

Es gibt also kein »natürliches« Verhängnis, dass das Patriarchat von Männern gemacht werden musste. Es könnte sogar »partnerschaftlich« von Männern und Frauen gemeinsam veranstaltet werden, was ja heute teilweise geschieht. Was wir wissen, ist jedoch: In der einzigen Geschichte, die wir kennen, wurde das Patriarchat von (biologischen) Männern durchgesetzt. Man könnte also sagen, dass die (biologischen) Männer das Pech haben, für das (kulturelle) Patriarchat verantwortlich zu sein. Frauen können Feministen sein, Männer müssen Feministinnen sein.[7]

Das extraktive Verhalten gegenüber der Natur ist eine Eigenschaft der patriarchalen Zivilisation – es besteht kein Zweifel, dass gerade der Kapitalismus diese Haltung auf die Spitze getrieben hat, bis zur Zerstörung der Biosphäre selbst. Dieses extraktive Verhältnis beginnt – etwa gemäß MARIA MIES (die selber als Bäuerin aufwuchs) – schon mit der landwirtschaftlichen Revolution des Neolithikums, unter anderem mit dem Ersatz der Hacke durch den Pflug. Die Durchpflügung und Zerstörung der Böden setzt sich bis heute fort und hat zu immenser Erosion und Bodenzerstörung geführt. Erst seit Kurzem beginnt man wieder den Boden zärtlicher aufzukratzen und zu pflegen, ohne Verlust an Erträgen. Die Verdinglichung unserer natürlichen Partner zeigte sich später darin, dass Tiere zu Vieh und Vieh zu Geld und dann zu Kapital wurden.

7. Das Wort »feministe« wurde ja angeblich von CHARLES FOURIER, dem Utopisten, zuerst verwendet. Eine Frau wäre wohl nie auf die Idee gekommen sich Feministin zu nennen. Das Wort »Frau« sagt ja schon alles.

Das Wort Kapital selbst geht auf caput, ein Kopf, nämlich ein Stück (!) Vieh, zurück. Vieh ist zählbar – sein Verhängnis. In seinem Buch *Against The Grain* (2018) zeigt JAMES C. SCOTT auf, wie der (teils erzwungene) Getreideanbau die frühe Staatsbildung und damit Herrschaftsformen aller Art begünstigte. Das im Unterschied zu Gemüse, Knollen und Früchten, die schwerer zu messen, zu kontrollieren und verderblicher sind. Getreide ist messbar – ideal für das Einkassieren von Steuern und den Aufbau von Staaten, die sich historisch durch verschiedenste Verpuppungsformen zu den heutigen globalen Unternehmen (die wirklich herrschenden »Staaten«) verwandelten.

Ein anderes Charakteristikum des Patriarchats sind (schließlich gewaltsam durchgesetzte) Abtrennungen und Abspaltungen aller Art. Auch MARX beschreibt die Auflösung organischer Gemeinschaften durch frühe Privatisierungen (lat: Beraubungen): Land (Einhegung), Eigentum an Dingen, an Vieh, an Getreide, an Menschen. Das ursprüngliche Teilen musste durch Tauschen ersetzt werden, was nur unvollkommen gelang (nennt man heute Marktversagen). Nicht zu verwechseln mit dieser Abspaltung ist die Arbeitsteilung: Diese ist eine inhärente Voraussetzung für Kooperation. Wenn alle das Gleiche tun, ist genau genommen Kooperation überflüssig. Zentral ist hier die Abtrennung der Arbeit und der Kooperation aus einem selbstverwalteten Lebenszusammenhang.

Es gibt keine natürliche oder wenigstens logische Definition von dem, was Arbeit ist, und was nicht (s. CHRISTIAN MARAZZI: *Che cos'è il plusvalore?*[8] 2016); sie wurde kulturell und immer gewaltsam durchgesetzt. Wie willkürlich diese Abtrennung ist, ersieht man vielleicht aus diesem Beispiel: Wenn ich vor der Haustür wische, gilt das nicht als Arbeit; wenn Reinigungsangestellte der Stadt es machen, dann schon, samt Pensionsanspruch. Wie untauglich Arbeitsdefinitionen sind, zeigt sich auch in der sogenannten Care-Economy (Hausarbeit, Erziehung,

8. Was ist Mehrwert?

Pflege, Zuwendung). Der Beziehungsaspekt lässt sich nicht einfach so abspalten. Care-Robots sind keine Lösung.[9]

Die Hexenverfolgungen und die Akkumulation des Kapitals

Der Höhepunkt dieser Abtrennung war wohl das, was man als Hexenverfolgung bezeichnet, was aber eigentlich die endgültige Durchsetzung des kapitalistischen Arbeitsbegriffs war.[10] Es brauchte eine tiefgreifende gesellschaftliche Traumatisierung (Verletzung von Körpern), eine Terrorkampagne, eine scharfe (scharfrichterliche) Trennung in Täter (Henker, Männer, Arbeiter) und Opfer (Ermordete, Frauen, Haushälterinnen), um die erste kapitalistische Akkumulation durchzusetzen. Das genozidale Programm des Kapitalismus brauchte eine Anfangskompromittierung der Akteur*innen. Heute hat die Homophobie, die unter autoritären Regimen wieder verstärkt inszeniert wird, eine ähnliche Funktion wie die Hexenverfolgungen.

Die Hexen waren keine Hexen im Sinn der GRIMM'SCHEN Märchen, sondern es waren alle Frauen gemeint, die auffielen; und exemplarisch ging es um die *Funktion* der Hexen als Verbinderinnen, nicht Trennerinnen. Darum konnten auch Männer Hexen sein. Das deutsche Wort Hexe hat eine interessante Etymologie: haga sizza, diejenige, die auf dem Hag sitzt. Und was ist der Hag? Es ist der Bannzaun (davon: verbannen, jemanden aus dem Dorf jagen) zwischen dem Dorf und dem Wald. Die Hexen vermitteln also zwischen der Dorfgemeinschaft und der Natur, zwischen Kultur und Natur; sie versuchen auszugleichen, gegenseitigen Nutzen zu schaffen, langfristiges Zusammenleben möglich zu machen. Sie sind die ursprünglichen Wissenschaftlerinnen, weil sie eben beides verstehen. Sie verwalten die Grenzen, machen sie aber zugleich durchgängig. Sie waren vielleicht die letzten Nachfolgerinnen von DEMETER, Verbündete der Frauen in ihrer Rolle als Mütter oder eben

9. Vgl. SHERRY TURKLE: *Alone Together: Why We Expect More from Technology and Less from Each Other*. 2011.
10. Ich beziehe mich hier auf SILVIA FEDERICI: *Caliban und die Hexe. Der Körper und die ursprüngliche Akkumulation*. 2017.

Nicht-Mutter-sein-Wollende. Der Mutterkult ist eine männliche Erfindung.[11] Als die Hexenverfolgungen inszeniert wurden, gab es diese Hexen wohl schon lange nicht mehr, aber die Erinnerung an sie war störend genug. Es sollte nun keine Instanz, keine Person, nicht einmal eine Idee einer umfassenden sozialen Zusammenarbeit mehr geben. Vergiss es! Es gibt keine Alternative! Nie mehr!

Die Abtrennung der Arbeit aus dem Lebenszusammenhang

Die Herauslösung der Arbeit als einer gesellschaftlichen Aktivität, die gemessen, bezahlt und gehandelt werden konnte, war das eigentliche Resultat von Tausenden von Jahren patriarchaler Trennungs-, Spaltungs-, Teilungs- und Messungsgeschichte. Eine Geschichte, die man als Dauerkrise verstehen kann, denn die Rechnung ging nie auf.[12] Zu arbeiten und dafür bezahlt zu werden, ist etwas sehr Mysteriöses, fast Unerklärliches, aber es ist die patriarchalische Essenz des Kapitalismus.

Wie oft ist das Selbstverständlichste das Gefährlichste. Alle stehen um sieben Uhr auf, gehen zur Arbeit und wissen nicht, was sie da anrichten. Weil aber keine Gesellschaft ohne die gemeinsame Aktivität im weiteren Sinn bestehen kann, mussten die Hausarbeit, die Gebärarbeit, die Pflegearbeit, später vielerorts die landwirtschaftliche Arbeit, in den Bereich des Unsichtbaren und Unbezahlbaren verbannt werden. Die ursprüngliche Tatsache, dass es bei allem, was wir tun, um Fürsorge und Pflege für Menschen, Tiere und die natürliche

11. Das gilt namentlich auch für die »Mutter Erde«, die nun wirklich alles andere als fürsorglich ist.

12. So litt der industrielle Kapitalismus von Anfang an am Problem der zu schwachen Nachfrage: Es mussten immer neue »Märkte« erobert werden, meist mit Gewalt und staatlichen Eingriffen. Typisch war hier die militärische Öffnung Chinas für Waren, die es gar nicht brauchte. Vielleicht besteht die Rache heute darin, dass China mit Huawei uns G5 aufzwingen will, das wir ebenfalls nicht brauchen. Der Kapitalismus ist ein einziger Kampf gegen die »säkuläre Stagnation«. Praktisch alle Programme der Linksrealisten sind heute Nachfragestimulationsprogramme zur Aufrechterhaltung des Wachstums, jüngst das der Präsidentschaftskandidatin ELIZABETH WARREN (2 Billionen Dollar) oder auch KEVIN KÜHNERT (SPD) mit seinen hilflosen Verstaatlichungsvorschlagen.

Umwelt geht, musste verdrängt werden. Es gibt eigentlich nur sogenannte Care-Arbeit. Und dass da ja niemand auf dem Definitionshag zwischen den beiden Tätigkeitsbereichen zu sitzen wage! Wenn die unbezahlbare Arbeit bezahlt werden müsste (ein an sich absurder Gedanke), dann würde das kapitalistische Kartenhaus in die Luft fliegen. In der Schweiz werden pro Jahr 7,9 Milliarden bezahlte und 9 Milliarden unbezahlte »Arbeits«stunden geleistet. Die unbezahlte Arbeit zu bezahlen würde mehr als 400 Milliarden pro Jahr kosten – dagegen wäre das Krisenprogramm des *Denknetzes* ein Klacks![13]

Der eingehegte Arbeitsbegriff hat eine gewaltsame Geschichte von Vertreibung, Disziplinierung, Unterwerfung, Verrechtlichung hinter sich. Warum braucht es wohl Tausende von Paragrafen Arbeitsrecht, Arbeitsgerichte, Arbeitsinspektoren usw., um diesen Begriff aufrechtzuerhalten? Weil ohne eine zumindest theoretisch messbare Arbeit keine kapitalistische Verwertung möglich ist. Und weil der Begriff unerhört verletzlich ist.[14] Er ist wissenschaftlich nicht fassbar, intuitiv nicht verstehbar, immer bedroht durch Schlamperei, Simulation, sogenannte Schwarzarbeit, Krankfeiern und mit Kaffeetassen in der Hand auf allerlei Hägen Herumsitzen. Ohne »Abschaffung der Arbeit« kann die gegenwärtige, katastrophale Wirtschaftsordnung nicht überwunden werden. Es ist eine Illusion, mit Verteilungsgerechtigkeit einer vergifteten Beute eine effektive Wende herbeiführen zu wollen. Die Arbeit, das heißt der Zwang, Dinge tun zu müssen, die man nicht mag, nicht will und nicht verantworten kann, wird immer gesamtgesellschaftliche Dysfunktionen erzeugen, als erste die Zerstörung des Planeten durch die imperiale Lebensweise, die uns ja eigentlich über das verlorene Leben trösten soll.

13. Wir verbringen nur 12% unserer Lebenszeit (inkl. Schlaf) mit bezahlter Arbeit. Weltweit macht die bezahlte Arbeit 10% aller Arbeit aus!
14. Oft scheint es wichtiger, den Arbeitsbegriff zu retten, als effektiv etwas Nützliches zu leisten. Siehe: DAVID GRAEBER: *Bullshit Jobs*. 2018. Die Arbeit ist immer weniger Produktivkraft und immer mehr nur noch Tagesstruktur. Wir sollen nicht auf dumme Ideen kommen, wobei die Arbeit selbst oft gerade die dümmste ist (denken wir nur an die Rüstungsindustrie).

Trotz ihrer Pervertierung basiert auch die heutige Arbeit auf der spontanen Kooperationsbereitschaft der Menschen. Menschen können gar nicht anders als kooperieren. Diese Tatsache wird von den Unternehmer*innen seit jeher ausgenützt, um aus Teams höhere Leistungen herauszuholen. DAVID GRAEBER spricht hier vom realen Mikrokommunismus in den Unternehmen, der durch raffiniertes Management gebändigt wird. Bessere Kooperation ist notwendig, um in der Konkurrenz mit anderen Firmen oder Ländern bestehen zu können. Es wird dafür eine Unternehmenskultur, ein »Betriebsfamiliengeist«, ein Nationalstolz auf bestimmte Firmen oder Produkte mobilisiert, ein falsches Gefühl des Dazugehörens, ohne das ja Menschen nicht leben können. Die Arbeitenden schwanken also zwischen natürlicher Kooperationsbereitschaft und der Einsicht, dass sie betrogen, ausgenützt und ausgebeutet werden, dass sie nur Mittel zum Zweck sind. Kooperation wird als Kollaboration entlarvt. Schließlich wirkt diese Situation lähmend und führt zu vielfältigen Formen der Verweigerung. Die Tatsache, dass die Arbeitenden gar nicht richtig bei der Sache sind und Leistung oft nur simulieren, ist die wahre innere Dauerkrise des Kapitalismus. Oder wie DAVID GRAEBER einmal schrieb: »Kapitalismus ist schlecht gemanagter Kommunismus.« (Der reale Kommunismus war *noch schlechter* gemanagter Staatskapitalismus.)

Diese vergiftete Erfahrung mit Kooperation wirkt sich auch auf die selbstbestimmte und freiwillige Kooperation zum Beispiel in genossenschaftlichen oder anderen Selbsthilfeprojekten aus. Wer schon den ganzen Tag über kooperieren musste, möchte abends nicht noch freiwillig in der Gemüsekooperative oder im Konsumgüterdepot kooperieren wollen. Die Frustration mit kollaborierender Kooperation ruft eher nach Kompensation, nach Komfort (franz. comfort = Trost) auf dem Sofa bei Bier und Krimi. Die Arbeit ist nur noch auszuhalten, wenn »freie« Wochenenden oder der Urlaub in Aussicht stehen, nicht aber ein »toller Arbeitseinsatz« beim Jäten auf dem gemeinsamen Acker. All diese Projekte funktionieren heute schlecht und recht trotz des kapitalistischen Gegenwindes als aufopfernde Pionierleistungen. Als Zukunftslabors sind sie wichtig, unter kapitalistischen Bedingungen sind sie dem Untergang geweiht. Außer es passiert sehr bald etwas.

Aktuell sprengt sich der Arbeitsbegriff mit Automatisierung und Digitalisierung selbst in die Luft, denn Maschinen können nicht arbeiten (sie können nur die in sie gesteckte Arbeit in die Verwertung übertragen). Schon MARX, aber später auch SCHUMPETER, erkannten als den wahren Zweck des Kapitalismus seine eigene Abschaffung. Alle Kosten sollen auf Null gedrückt werden, inklusive der Kapitalkosten.[15] Die einzige Art, den Arbeitsbegriff zu retten, wird wohl darin bestehen, ein Existenzgeld *negativ* als Arbeitslosenentschädigung zu deklarieren (wie vom *Denknetz* verlangt: lebenslanges Arbeitslosengeld, für fast alle). Man könnte dann als Definition von *Homo sapiens* einsetzen: ein*e Arbeitslose*r, armes Geschöpf! *(Homo non-laborans)* Doch dieses Spiel wird nicht lange gespielt werden können, denn Kapitalismus muss verwerten, auch wenn nichts mehr etwas wert ist. Wert an sich ist der Spaltbegriff des Patriarchats. Ohne Wert kein Tausch.[16] Wenn nichts etwas wert ist, dann können wir frei danach entscheiden, was wir gerne haben, was uns guttut, was uns Freude macht oder uns glücklich macht. Und das wäre dann das Ende der patriarchalischen Verirrung.

15. MARX hat diese paradoxe Logik an vielen Stellen dargestellt, am berühmtesten sind wohl die »verstörenden Maschinenfragmente« aus den *Grundrissen*: »Die Produktivkräfte und gesellschaftlichen Beziehungen – beides verschiedene Seiten der Entwicklung des gesellschaftlichen Individuums – erscheinen dem Kapital nur als Mittel und sind für es nur Mittel, um von seiner bornierten Grundlage aus zu produzieren. In fact aber sind sie die materiellen Bedingungen, um sie in die Luft zu sprengen.« MARX: *Grundrisse*. Oktober 1857 bis Mai 1858 (Seitenzahlen nach MEW 42) *Das Kapitel vom Kapital* – Heft VI, S. 590.
16. Vgl. HABERMANN, FRIEDERIKE: *Ausgetauscht!* Konzepte/Materialien, Band 10. 2018.

Kapitalismus als Essenz des Patriarchats

Den Kapitalismus nicht als irgendein Wirtschaftssystem, sondern als die Quintessenz des Patriarchats zu verstehen, macht vieles klarer. Zum Beispiel die Tatsache, dass Frauen in Führungspositionen dieses Systems (der Staat gehört dazu) schlecht vertreten sind. In einer Art von oberflächlichem Feminismus denken viele, es gehe dabei um den Machterhalt der (biologischen) Männer. Wären die Frauen besser vertreten, wäre das Patriarchat schwächer. Das ist natürlich nicht so. Es ist billiger Biologismus, zu glauben, Frauen als Chefs oder Politiker würden einen milderen Kapitalismus oder ein netteres Patriarchat machen. Frauen sind sogar die besseren CEOs. Die besseren Verteidigungsminister. Die schärferen Rationalisierer.

Erst wenn wir die Essenz des Patriarchats angreifen, also den Arbeitsbegriff, dann läutet seine Totenglocke. Heute stellen wir fest, dass immer mehr Frauen gar nicht an diesem System teilnehmen oder sich mit ihm kompromittieren wollen. Viele Chef*innen jammern: Wir hätten so gern Frauen als Führungskräfte, aber die ziehen sich inzwischen lieber in die Hausarbeit zurück oder machen sozial und intellektuell anspruchsvollere Sachen. Sie wollen nicht voll arbeiten. Das ist verständlich: Sollen Frauen nun auch noch die Bullshit-Jobs der Männer übernehmen und in Büros herumsitzen? Wo doch die Männer schon davonlaufen? Sollen sie eine Politik mittragen, die menschenfeindlich ist? Was wir sehen, ist eine Desertion der Frauen aus der Arbeitsgesellschaft, und zwar nicht nur der biologischen Frauen, sondern auch von Hausmännern, jungen Männern, ausgebrannten CEOs, Karriereverweigerern, Teilzeitarbeitern, Downshiftern usw. Sind Frauen schlecht in Führungspositionen vertreten, weil sie gar nicht führen wollen? Wenn wir Arbeit gleich Gewalt setzen, dann erst verstehen wir, dass Vergewaltigung auch ein Problem der (biologischen) Männer ist, und der Frauen sowieso. #metoo gilt für uns alle.

Neben der systemischen, patriarchalischen Gewalt gibt es zusätzlich die alltägliche der biologischen Männer, die noch glauben oder denen man eingeredet hat, eine besondere Affinität zum System zu haben. Es ist notwendig, diese Gewalt mit allen Mitteln zu bekämpfen: Es gibt keine systemische Entschuldigung. Sie geht vor allem von jenen verängstigten Männern aus, die merken, dass »ihr« System nicht mehr für sie arbeitet, obwohl sie ja Männer sind. Sie haben da etwas nicht begriffen. Das sind die typischen TRUMP-Wähler: die berühmten Enttäuschten, Verratenen, Verlassenen, die vermeintlichen Verlierer der Geschichte, in die sie ja so viel (Gewalt) investiert haben. Für sie gibt es keine andere Hoffnung als den Kapitalismus fahren zu lassen und bei einer gemeinsamen Neuaufstellung mitzumachen, als Feld-, Haus- und Handarbeiter. Sie werden den Turnaround schaffen. Sie brauchen ein neues Angebot. (Eine Bewegung der weißen Schürzen?)

Große Verwirrungen um den Patriarchatsbegriff sind in Europa in letzter Zeit entstanden, wenn man mit Sorgenfalten auf der Stirn von der Zuwanderung junger Männer aus patriarchalischen Kulturen spricht. Erstens: Alle Kulturen sind seit langem patriarchalisch, also muss man konsequenterweise nicht von Multikulturalismus reden, sondern von Multipatriarchalismus. Was wir also gerne sehen würden, wäre ein Multifeminismus. Davon redet aber niemand. Sodann sind die genannten jungen Männer darum verwirrt, weil sie aus viel weniger patriarchalischen Gesellschaften stammen und nicht verstehen, dass sie bei uns einem unsichtbaren Hyperpatriarchat ausgeliefert sind, wo erst noch Frauen als Polizisten, Lastwagenfahrer und Regierungschefs fungieren. Ein Scheich im Jemen, samt Schnauz und Dolch, ist im Vergleich zu einer Personalchefin bei einem Großbetrieb ein Nichts, eine lächerliche Figur. Die reale Macht dieser Urbilder patriarchaler Herrlichkeit ist anachronistisch biologistisch. Der Arbeitsbegriff ist in den erwähnten Gesellschaften noch vage, die global geforderte Arbeitsdisziplin kaum durchsetzbar. Hexenverfolgung hat nie stattgefunden – sie findet erst jetzt unter islamistischem Vorzeichen als Teil einer Modernisierungsbewegung statt. Einwanderer aus weniger kapitalistisch durchstrukturierten Weltregionen geraten bei uns in eine Maschine hinein, die sie kaum verstehen können. Warum solidarisieren sich ihre westlichen Brüder – Männer wie sie – nicht mit ihnen? Warum lassen sie sich von Frauen herumkommandieren? Die Integration in ein scharfes patriarchalisches System fällt vielen schwer. Viele desertieren – Recht haben sie! Willkommen im Klub!

Obwohl also viele Weltregionen systemisch noch weniger patriarchal sind als die alten industriellen Länder, ist die Lage der Frauen und der Menschen überhaupt dort in Bezug auf Gewalt und Elend viel schlimmer als bei uns. Das hat mit der ungleichen Entwicklung des Kapitalismus und mit seiner brutalen Geschichte zu tun, die die ganze Welt verheert hat. Der Kapitalismus ist ja historisch nicht einfach eine geradlinige Entfaltung seiner Logik, sondern es ist die Geschichte des Widerstands gegen ihn. Seit jeher haben sich Menschen gewehrt und seit jeher existierten Vorstellungen einer nichtpatriarchalischen Zivilisation, die man immer wieder zu tilgen versuchte. Dieser Widerstand konnte nur gebrochen oder gemildert werden, wenn einige Teile der Weltbevölkerung zumindest relativ von seinen technischen und zivilisatorischen Leistungen profitieren konnten. Der Kapitalismus ist auf Komplizen angewiesen. Gemäß Berechnungen von EVI HARTMANN (*slavery-footprint.org*) hält jede*r von uns 60 Sklav*innen.

Selbst Menschen mit bescheidenem Einkommen im globalen Norden haben immer noch an der »imperialen Lebensweise« teil, die auf der Ausbeutung des Südens (und der Natur – es kommen noch 40 Energiesklav*innen dazu) beruht. Wenn die Benachteiligten bei uns für höhere Löhne kämpfen, verteidigen sie objektiv ihre Komplizenschaft mit dem Kapitalismus. Was beweist, dass der Kapitalismus nicht einmal für seine Privilegierten funktioniert (siehe die »Gelbwesten«-Bewegung der *Gilets Jaunes*). Aus dieser Klemme führt nur ein universales Umbauprogramm jenseits der Kapital- und Tauschlogik.

Exkurs: Eroberung der Grundform statt bloße Ableitungen?

Die Idee, dass ein Umbau patriarchal geprägter Sprachen, wie z. B. des Deutschen, die Stellung der (biologischen) Frauen verbessern könnte, erweist sich immer mehr als Augenwischerei. Gerade Frauen, die ihren Beruf oder ihre Position schätzen, beharren neuerdings wieder auf der »richtigen« männlichen und nicht einer sekundär abgeleiteten Form. Keine Frau, die in einer Beiz kocht, will als Köchin beschimpft werden: Sie ist der Koch. PIPILOTTI RIST will ausdrücklich keine Videokünstlerin sein, sondern ist Videokünstler. Eine Frau als Hauptmann will weder Hauptfrau noch Hauptperson sein. Es muss selbstverständlich werden, dass beim Begriff Kampfpilot oder Chirurg immer auch Männer mitgemeint sind.[17] Umgekehrt kann ein Lehrer auch eine Frau sein.

Die Zivilisation der Commons als wahre Alternative

Aus all dem folgt, dass der wahre Feminismus zugleich der wahre Antikapitalismus ist, die Begriffe sind austauschbar. Ohne Überwindung des Patriarchats gibt es keine Überwindung des Kapitalismus. Antikapitalismus ist zugleich die einzig mögliche ökologische Strategie. Der Planet lässt sich nur gegen den Kapitalismus retten (NAOMI KLEIN). Das haben die amerikanischen und andere Rechte begriffen. Und darum ist jetzt der drohende Klimawandel eine »chinesische Verschwörung«. TRUMP sagt es ja offen: Der American Way of Life geht nur gegen den Planeten.

17. Im Englischen gibt es da kaum Probleme: students, artists, feminists, teachers, doctors brauchen kein studentess, artistess, teacherette oder doctress. Keine Frau beklagt sich, obwohl all diese Grundformen grammatisch gesehen auf männliche Formen zurückgehen (außer student). Und wenn jemand nach der nurse ruft, kommt vielleicht ein großer, dicker Mann mit Bart und behaarten Unterarmen ans Krankenbett. Nurse kommt von einer lateinischen Wurzel nutrix, die Amme. Nurse ist genauso eine geschlechtsneutrale Berufsbezeichnung wie bei uns Krankenschwester in: »RUEDI ist eine tolle Krankenschwester.« Umgekehrt sind englischsprachige Länder nicht weniger patriarchalisch als deutschsprachige.

Der konstruktive Gegenbegriff ist eine neue Zivilisation der Commons.[18] Wie können wir neue gesellschaftliche Einheiten begründen, die jenseits von Abtrennung, Einhegung und Buchhaltung bestehen? Warum führen wir nicht diese Diskussion, statt auf zwar schöne, aber letztlich illusorische geniale Forderungen und Regulationen zu setzen?

Das Fehlen der Linken bei der Commonsdiskussion ist ominös: Einige fürchten den Begriff wie die Teufel*in das Weihwasser.[19]

Viele der linken Forderungen setzen ein »ceteris paribus« voraus, also dass der Kapitalismus, abgesehen von der Erfüllung der Forderung, möglichst gut weiter funktioniert. Sie sind rein distributiv. Wie kann man hohe Vermögen besteuern, wenn ihre Besitzer*innen nicht weiterhin auch hohe Gewinne einstreichen? Wie kann man ein garantiertes Grundeinkommen ausbezahlen, wenn das Wirtschaftswachstum einbricht? Wie kann man gleichen Lohn für alle ausbezahlen, wenn die Lohnarbeit wegbricht? (Man müsste ja gleichen Nicht-Lohn für die zunehmende nicht-bezahlbare Arbeit fordern.) Der linke Pseudo-Extremismus zahlt sich nicht aus, weil seine Adressat*innen nicht so dumm sind, daran zu glauben. Sie wollen es genauer wissen. Ohne ein klares, stimmiges Modell einer wirklichen Ökonomie (Hauswirtschaft) mit integrativen Institutionen usw. geht es nicht. Zudem muss dieses Modell so universal wie der globale Kapitalismus sein. Es kann nicht totale soziale Absicherung in der Schweiz oder Deutschland und Armut im Süden zugleich geben. (Es kann sie schon geben und es gibt sie ja auch, aber dann muss man, wie die Rechten es verlangen, die Armee an die Grenze stellen und Mauern bauen.) Das Klima ist nicht nationalisierbar, genauso wenig die Climate Justice, die Gerechtigkeit. Beide sind entweder global oder gar nicht.

18. Manchmal sage ich statt Commons auch: vernünftige Wirtschaftsweise oder rationaler sozialer Metabolismus.

19. Nicht unbedingt die SP Schweiz, die eine Broschüre namens *COMMONS* (2018) herausgegeben hat. Abgesehen von den Wohngenossenschaften wird der Begriff aber eher für kleine, lokale Aktionen (Give-Box usw.) angewendet und weitgehend entschärft.

Wann endlich merkt die Linke, dass sie ihre alten Schlachtrosse längst zu Tode geritten hat? Die Leute, die nachdenken, sind schon ganz woanders. Niemand glaubt mehr an geniale Regulationen, sondern sucht nach Konzepten, die den Alltag neu gestalten. Wer macht was, wie, unter welchen Bedingungen? Während die Linke noch die alten Strukturen optimieren will, denken die Leute längst über die Betriebskonzepte der neuen nach. Entscheidend ist nicht mehr die Höhe der Löhne, sondern der Sinn und Zweck der Tätigkeit. Es gibt keine »Maßnahmen« mehr, die uns retten. Wir brauchen einen Entwurf für eine gänzlich neue Zivilisation: anders leben, anders fühlen, anders denken.

Es ist erfreulich, dass das Vertrauen in das kapitalistische System überall schwindet, sogar in den USA; aber mit einer Linken, die hilflose Vorschläge macht, entsteht kein Vertrauen in eine postkapitalistische Postwachstumsgesellschaft. Das ist es aber genau, was wir bräuchten. Gegen die erwähnten Krisenprogramme und Forderungen lässt sich an sich nicht viel einwenden: Klar hätten wir gerne höhere Löhne, sichere Stellen und eine soziale Rundumversorgung. Doch vom Kapitalismus noch etwas verlangen zu wollen, heißt zu vergessen, dass es »ihn« wahrscheinlich schon gar nicht mehr gibt. Wir haben ihn trotz allem, das macht ihn nicht harmlos, sondern umso gefährlicher, sozusagen suizidal.

Die Diktatur der Hülle

Die Essenz des Kapitalismus, nämlich eine Verwertungsmaschine zu sein, ist längst verloren gegangen. Einige reden von Zombie-Kapitalismus: Nichts ist mehr etwas wert, Profite sind genauso fiktiv wie Löhne, aber die äußere Struktur des Kapitalismus wird hartnäckig verteidigt, sowohl von den wenigen Besitzer*innen großer Vermögen als auch von ihren politischen Kompliz*innen (das sind wir). Wachstum wird rituell ausgewiesen, obwohl es nicht mehr vorhanden ist, sondern nur geborgt ist. Der »Überwachungskapitalismus« (als ob es je einen anderen gegeben hätte) verteidigt die Hülle eines Machtverhältnisses mit sozialer Kontrolle, Sozialkreditsystemen wie in China, mit ethnischer Aufhetzung und Bürgerkriegen. Je mehr Menschen den »Witz« verstehen, umso grausamer werden die Clowns: XI »POOH« JINPING, PUTIN, TRUMP, ERDOGAN und alle anderen. Diese letzten Gesichter des Kapitalismus versprühen nicht einmal mehr die Faszination der alten Diktatoren wie STALIN, HITLER oder MAO. Es sind nur noch Masken einer Leiche. Doch die Leiche ist groß (und vor allem alt), und es ist schwierig, sie aus dem Weg zu räumen.

Je illusorischer das Spiel wird, umso mehr will man über uns wissen. Information ist der neue Wert: Aber was ist denn ihr Zweck? Was kann man von uns noch mehr wollen als oberflächliche Compliance? Wir sagen ja alle schon ja, jeden Tag. Will man ein doppeltes Ja von uns? Der Zweck ist weg, aber das grausame Spiel geht weiter. Wenn schon der »Wert« verschwunden ist, dann sollen die verwaisten Proletarier*innen doch weiter mit Preisen, Löhnen, Arbeitszeitkontrolle, Sozialstaatsbürokratie, Existenzängsten und gewaltsamer Repression (je nach Weltgegend und Kompromittierungsstufe) gefoltert werden. Gerade weil nichts rentiert, muss alles bleiben, wie es ist. Der Kapitalismus verwandelt sich von einem Verwertungssystem in ein Kontrollsystem. Zufälligerweise stehen heute für diese seltsame Wende mit der Informationstechnologie die nötigen Instrumente bereit. Doch auch, wenn »sie« alles wissen, können »sie« doch nicht die Realität bestimmen, die weiterhin offline bleibt. Was wir gerade sehen, sind mächtige Offline-Revolten von Hong Kong bis Chile. Die Menschen wollen, wie BRUNO LATOUR es sagt, ihr Land, also die Kontrolle über ihre Lebensgrundlagen, zurück. Ihre Daten sind ihnen schnuppe.

Dieser Zweckverlust bildet sich oft auf individualpsychologischer Ebene als Sinnkrise, Orientierungslosigkeit, Beliebigkeit und in Form von Wahnvorstellungen ab. Der reale Wahn wird zum verinnerlichten. Phänomene wie Verschwörungstheorien, religiöse Wahnsysteme, ziellose Gewaltakte, Suche nach Sicherheit in nationalistischen, nostalgischen, repressiven Ordnungssystemen, allgemeine Regression und Verleugnung von Fakten lassen sich so erklären. Man klammert sich ans Alte, weil man Angst vor dem Neuen hat. Was wir Aufklärung nennen, soll zurückgenommen werden, weil selber denken die Nacktheit der Kaiser*in enthüllen würde, und weil Wissen ohne Handlungsmöglichkeiten sowieso nur schmerzt.

Diesem ideologischen Durchknallen des Ex-Kapitalismus entspricht die neue Silicon-Valley-Religion der Singularität à la KURZWEIL, THIEL usw. Eigentlich ist dies ein Rückfall in russische und andere Kosmismen, mit dem Ur-Vater GEORGE BERKELEY. Solipsismus, Zirkularität, Simulation – ewiges Leben, Triumph des absoluten Ich, alles schon dagewesen. Absoluter Wahn. Die letzte logische Konsequenz.[20] Das Sein bestimmt wieder einmal das Bewusstsein bzw. den Verlust desselben.

Die Geschichte des Patriarchats/Kapitalismus ist eine Geschichte von Massakern und tiefen Traumatisierungen (im physischen wie im systemischen Sinn). Daraus erklärt sich die Angst vor grundlegenden Veränderungen und Alternativen. Sie machen mehr Angst als der Kapitalismus selbst – den wir wenigstens kennen. Es ist wie bei gewissen Ehen: Lieber bleib' ich beim alten, gewalttätigen Ekel, als eine ungewisse Zukunft zu riskieren. Überall nur Verlustängste! Wir brauchen also ein umfassendes Entängstigungsprogramm, um diese Traumata zu überwinden. Dieses muss sowohl lustvoll als auch inhaltlich überzeugend sein: Emotionen und Verstand müssen und können zusammengehen. Ein solches Programm ist nicht das einer einzelnen Organisation oder Partei, sondern umfasst eine ganze Palette von politischen, kulturellen, kooperativen und anderen Interventionen und Projekten.

20. P.M.: *Ewiges Leben*. Kurzfassung, Paranoia City 2009; P.M.: *AKIBA*, Ein gnostischer Roman. 2008; darin befindet sich eine Bibliografie zu den solipsistischen, zirkulären und simulationistischen Kosmismen.

Ein einfacher, faktenbasierter Vorschlag für eine Alternative zur gegenwärtigen Gesellschaftsordnung [21]

Warum haben wir eigentlich immer noch Kapitalismus? Weil wir uns nichts anderes vorstellen können. Weil wir uns nicht auf einen Vorschlag einigen können. Statt so zu tun, als ob es den Kapitalismus noch gäbe, tun wir einfach so, als ob wir unsere Verhältnisse vernünftig gestalten könnten, und machen mal einen Vorschlag.

Ein universaler Vorschlag für die zukünftigen 10 Milliarden Menschen auf diesem Planeten muss ökologische Grenzen respektieren, eine dauerhafte Ökonomie schaffen, die alle Bedürfnisse erfüllt, und einen Rahmen bieten für psychosoziales Wohlbefinden. Er muss die Natur, unsere Kräfte und unsere Nerven schonen.

Diese drei Dimensionen bedingen sich gegenseitig: Menschen, die nicht miteinander auskommen und kooperieren können, werden sich auch um die Umwelt nicht kümmern. Freude am Leben und Achtsamkeit gehen zusammen. Eine Alternative zur heutigen Lebensweise, also eine Commonsgesellschaft, braucht eine klare territoriale Ordnung mit jeweils zugeordneten Funktionen. Man könnte sagen: Der Umbau bedingt eine allgemeine Relokalisierung, und zwar real, nicht mythologisch nur in den Köpfen. Es muss zusammenkommen, was auseinandergerissen wurde. Das hat vorerst eine ökologische Bedeutung: Alles, was nicht an Punkt A vorhanden ist, muss an Punkt B gesucht werden, generiert also Distanz, Verschiebung von Massen und daher Energieverbrauch und ökologische Lasten, egal welche Verkehrsmittel wir benutzen.

Darum nennen wir diese allgemeine, globale sozial-ökologische Relokalisierung: *Nach Hause kommen.* Nach Hause wollen wir aber nur kommen, wenn es dort auch schön ist und wir uns wohlfühlen können. Und wir fühlen uns nur wohl, wenn auch andere nach Hause kommen können, wir wollen

21. *Ein Vorschlag* befindet sich auf newalliance.earth und wird im Anhang vollständig abgedruckt. Ich mache in diesem Text einige zusätzliche Bemerkungen und beziehe mich auf aktuelle Diskussionen.

also kein Öko-Ghetto für Reiche. Und keine exklusiven Komfortzonen im planetarischen Norden. Es geht um Rückkehr und neue Ankunft für alle. Wir schaffen das nur gemeinsam.

Eine neue Weltgesellschaft muss modular sein, weil Gerechtigkeit vergleichbare Lebensbedingungen erfordert. Dazu kommt der Machtausgleich: Große Organisationen haben intrinsisch mehr Macht, kleine weniger. Also brauchen wir mittelgroße Alltagsmodule, die so viele Bedürfnisse wie möglich, aber natürlich nicht alle abdecken. Sie müssen eine klare Definition haben, jedoch zugleich an lokale Bedingungen anpassbar sein. Resilienz bedingt Granularität, das wäre dann die ökosoziale Quantentheorie. Das kleinste soziale Quantum ist die Nachbarschaft bzw. *Glomo 1*.

Mit dem ersten Modul, Nachbarschaft oder Globales Modul 1 (*Glomo 1*) genannt, können wir schon einen großen Teil der ökologischen Rahmenbedingungen, z. B. 1 t CO_2 pro Kopf und Jahr, erfüllbar machen.[22] Durch Teilen und Kooperieren verbrauchen wir weniger, was vor allem bei der Wohnfläche, dem Essen und dem Transport wichtig ist, die zwei Drittel unserer Umweltbelastung ausmachen.

Nach Hause kommen schlägt fünf Module vor:

1. 16 Millionen Nachbarschaften (*Glomo 1*)
2. 400.000 Quartiere/kleine Städte (*Glomo 2*)
3. 4.000 große Städte/Regionen (*Glomo 3*)
4. 800 Territorien (*Glomo 4*)
5. 1 Welt (*Glomo 5*)

22. Zu den ökologischen Grenzen gehören nicht nur der Klimawandel, sondern auch Artenvielfalt, marine Übersäuerung, Stickstoffkreislauf usw. (siehe *Ein Vorschlag*, S. 1, und ausführlicher in *Die Andere Stadt*. 2017).

Diese Einteilung ist nicht normativ, sondern eher pragmatisch zu verstehen, als Abgrenzung von Diskussionsfeldern. Es sind keine erfundenen Größenordnungen, sondern Vorschläge zur Verständigung über Lebensbereiche, die wir schon kennen, die aber heute oft bis zur Unkenntlichkeit zerfetzt sind. Wir wollen schlicht wieder wissen, wo wir sind.

Glomo 1

Die wichtigsten Eigenschaften von *Glomo 1* betreffen seine Größe (um die 500 Personen), seine Verknüpfung mit der Landwirtschaft[23] und seine Infrastruktur für eine Haus- und Carewirtschaft. All das ist nur möglich, wenn es eine inklusive Selbstverwaltung gibt, also Alltagsdemokratie und entsprechende Institutionen. In einem gewissen Sinn ersetzt also *Glomo 1* das kapitalistische Arbeits/Konsumatom oder den Kleinfamilienhaushalt. Allerdings sind die Individuen und die Familien in diesem Rahmen nicht abgeschafft, sondern noch viel besser aufgehoben (HEGEL!). *Glomo 1* bedingen keine Kollektivierung des Lebens, sondern eine bessere Entfaltungssphäre, ein besseres Soziotop, einen Ort, wo Gesellschaft stattfinden kann (siehe REMO LARGOS Wünsche).

Obwohl Nachbarschaften eine modulare Familienähnlichkeit haben, wird ihre reale Ausgestaltung maximale Vielfalt zulassen. Zwischen nüchternen öko-logistischen Vertragspartnerschaften und mehr oder weniger intimen Lebensgemeinschaften ist alles möglich. Während für die einen das Mikrozentrum eine reine Versorgungsinfrastruktur ist, ist es für andere ein erweitertes Wohnzimmer, eine Wohlfühloase, ein gemütliches Nest. Kulturelle Konnotationen sind möglich, aber nicht notwendig.

Nachbarschaften müssen relativ groß sein, damit viele Talente, Qualifikationen, Altersgruppen, Charaktere darin Platz haben und jede*r eine Beschäftigung findet, die ihr passt. Darum um die 500 Menschen. Zugleich erlaubt diese Größe

23. Wie ein Ernährungsplan eines *Glomo 1* samt Landbedarf aussehen könnte, ist in *Ein Vorschlag* (S. 85) und noch ausführlicher in *Die Andere Stadt* dokumentiert.

genügend wohltuende Anonymität, die individuellen Rückzug und damit neue Lust auf Kooperationen fördert. Der städtische Kontext ist notwendig, weil 10 Milliarden Menschen nur in großen Städten ökologisch und ökonomisch effizient zusammenarbeiten können. Schon heute lebt mehr als die Hälfte der Menschen in großen Städten, bald werden es drei Viertel sein. Gerade wenn wir Land sparen und Landschaften schützen wollen, dann müssen wir in dichten Städten wohnen. Wir brauchen mehr Stadt, damit wir mehr Land haben können.

Die Sehnsucht nach dem unschuldigen Landleben ist heute ein weitgehend zerstörerischer Mythos. Der größte Teil des Landlebens auf diesem Planeten wickelt sich nicht in Ökodörfern ab, sondern in suburbanen, größtenteils zufällig (als Steuersubstrat) über die Landschaft verstreuten Schlafgelegenheiten für Pendler*innen (Eigenheime) oder aber im planetarischen Süden, in Slums. Und diese »Dörfer« sind sogar ökologisch noch schlechter als die schlechten Städte. Gemäß der Studie des ARE von 2017 verursachen Städter*innen Infrastruktur-Kosten von 1.057 Euro pro Jahr, Landbewohner*innen aber von 2.976 Euro, also fast dreimal so viel. Das ist ja auch logisch: Wer näher zusammenlebt, braucht auch weniger Leitungen, Rohre, Straßen, Beleuchtung usw.

Wir müssen aufpassen, dass wir nicht Opfer optischer Illusionen werden: Kleine, hübsche Häuser im Grünen sind »schwerer« als massige Wohnblöcke in der Stadt. Fassadengrün macht kaum einen Unterschied. Grün, klein, hübsch macht noch keine gute Ökobilanz. Die Stadt wirkt schwer, auf dem Land ist alles leicht. Ein großer Teil der »Stadtschwere« sind aber Bauten und andere Strukturen, deren graue Energie längst abbezahlt ist. Und es wohnen viele Menschen darin. Städte sind pro Kopf leichter.

Sowohl öffentlicher Verkehr wie öffentliche Dienste brauchen eine gewisse Dichte, um funktionieren zu können. Städte machen Distanzen kurz, Synergien möglich, Kultur vielfältig. Selbstverständlich werden diese *Glomo*-Städte mit den heutigen Molochen nicht mehr viel gemeinsam haben: Sie werden luftiger, gemütlicher, langsamer, versponnener sein. Sie werden physisch leicht und langsam, aber kommunikativ (auch durch demokratische IT) blitzschnell sein. Warum nicht die neuen Technologien nutzen? [24]

Wenn wir von ökologischen, ökonomischen und sozialpsychologischen Kriterien ausgehen, dann ist die ideale globale Lebensweise der Zukunft eine Art von Viersterne-Hotel: Jede*r hat ein großes Zimmer (20 m^2), das als Paar zu einer Zweizimmerwohnung, als Familie zu einer Vierzimmerwohnung zusammengeschaltet werden kann, eine wild-bunte Soziallandschaft im Erdgeschoss (= Mikrozentrum), dazu alle Dienstleistungen (Wohnen, Essen, Internet).[25] 16 Millionen 4-Sterne-Hotels sind eine mögliche Lösung, in China genauso wie in Afrika.

Wie erwähnt können Nachbarschaften einfach und effizient mit einer Landbasis verknüpft werden, die sich je nach Situation zwischen 10 bis 100 km entfernt befindet und das *Glomo 1* mit dem größten Teil der Lebensmittel versorgt. Das gilt auch für sehr große Städte. *Nach Hause kommen* bedeutet weltweit eine neue Ernährungslogistik, die urbane und ländliche Tätigkeiten verbindet und zugleich zu einer grundlegenden Ernährungssouveränität beiträgt. Der berüchtigte Foodwaste hört dann auf, wenn wir die selbst geernteten Karotten nicht mehr wegwerfen mögen. Das heißt nicht, dass wir alle Landwirt*innen werden müssen, denn Agrikultur wird kaum irgendwo mehr als 5 % unseres Zeitbudgets einnehmen.

Unsere imperiale Lebensweise ist nicht zukunftstauglich. Wir brauchen neue Haushalts- und Wirtschaftsformen, bei denen wir Ressourcen teilen und gemeinsam benutzen können, um eine komfortable Lebensweise innerhalb ökologischer Grenzen einrichten zu können. Schon die notwendige Reduktion des Verkehrs bedingt eine allgemeine Relokalisierung.

24. Doch auch sie haben ihre ökologischen Grenzen.
25. Kleine Wohneinheiten werden heute auch aus Renditegründen vorgeschlagen, als Micro-Living, Co-Living usw. Wenn Menschen sich mit weniger Wohnraum begnügen, dann bleiben die Wohnkosten trotz steigender Mieten erschwinglich. Wenn wir aber, z. B. in der Form von Genossenschaften, selbst Eigentümer*innen sind, dann wird Wohnraum doppelt billig. Der entscheidende Punkt ist also nicht die Form des Wohnens (auch ****Hotels gibt's ja heute schon), sondern die Selbstverwaltung.

Die bisherige »westliche« Massenkonsumgesellschaft ist ebenso nicht universalisierbar. Die Lebensbedingungen zwischen uns und den anderen 6 Milliarden Menschen klaffen um einen Faktor 32 auseinander (siehe JARED DIAMOND: *Upheaval.* 2019, S. 414). Technische Maßnahmen werden nicht ausreichen. Wir können nicht alle 8 Milliarden Menschen mit Elektroautos beglücken. Wir müssen zuerst beim Verbrauch, erst dann bei unterstützenden Technologien ansetzen. Wir können uns anders einrichten; es gibt auch dann noch genug Ressourcen für die Entwicklung von Technologien, die uns die Arbeit erleichtern, für ein umfassendes Gesundheitswesen, für den Zugang zu Bildung und Wissen für alle.

Nachbarschaften sind nicht nur als effiziente ökologische und ökonomische Einheiten überlebenswichtig, sie haben auch eine psychosoziale Dimension. So fordert der schweizerische Kinderentwicklungspsychologe REMO LARGO nachbarschaftliche Gemeinschaften von um die 350 Menschen, damit Kinder glücklich aufwachsen können. Er schreibt unter anderem: »Ich bin überzeugt, dass letztlich alle Menschen ein passendes und sinnvolles Leben führen wollen. Ihre emotionalen und sozialen Bedürfnisse können sie nur in einer Gemeinschaft vertrauter Menschen ausreichend befriedigen. Kommt hinzu, dass Kinder, alte und kranke Menschen in der Lebensgemeinschaft besser betreut werden können als in Kitas, Alters- und Pflegeheimen. Die Lebensgemeinschaft kann zudem Freiräume schaffen, in denen der Mensch wieder selbstbestimmt tätig sein kann, und vieles mehr.«

Ähnliche Resultate kommen von der Glücksforschung. Am glücklichsten macht ein mit Freund*innen verbrachter Tag. Dann müssen diese aber auch an Ort und Stelle sein. (Am unglücklichsten macht übrigens das Pendeln zur Arbeit. Siehe KAHNEMAN oder MARX.) Mit HARTMUT ROSA könnte man auch sagen: Nachbarschaften sind Orte der Resonanz, also der Nicht-Entfremdung. Nachbarschaften sind Orte, die Wahrnehmen, Begegnungen, Widerhall, Verstehen, gegenseitige Unterstützung ermöglichen – das ist die Substanz eines geglückten Lebens.[26]

Dazugehören zu können ist wesentlich für unser Glück, und zwar zu realen Gemeinschaften, nicht zu Chimären wie Nationen, Fußballklubs oder Smartphone-Marken.

Glomo 2

Es ist wichtig, zu verstehen, dass Nachbarschaften keine autarken Gemeinschaften, sondern offene, verwobene Module eines Gesamtsystems sind. Darum ist auch ihr Zusammenwirken im Rahmen von Stadtteilen (20.000 Bewohner*innen) oder Kleinstädten unentbehrlich. Während *Glomo 1* private Einheiten sind, sind *Glomo 2* politische Einheiten, in deren Rahmen öffentliche Dienstleistungen ausgehandelt und betrieben werden: Schulen, Energie- und Wasserversorgung, Gesundheitspflege, Verkehrswege und -mittel, industrielle Produktion usw.

Analog zu den 16 Millionen Mikrozentren haben wir also 450.000 intellektuell-politische Quartierzentren (ABC)[27], die untereinander verbunden sind und so die materielle Basis einer globalen Demokratie bilden. Wie ARISTOTELES sagte, ist der Mensch ein zoon politikon, also ein Stadttier, im Gegensatz nicht zum zoon choriatikon (= Landtier), sondern zum zoon idiotikon (dem Menschen, der sich nur um sein Privatleben kümmert). Ohne Politik keine Stadt. Stadt besteht aus Menschen, die sich kümmern, nicht aus Gebäuden. Mit Idiot*innen lässt sich keine Stadt machen. Das illustriert jene Episode aus den Perserkriegen, als XERXES Athen dem Boden gleichmachte. Was er zerstören konnte, waren allerdings nur Gebäude, nicht die Polis. Die Bürger (nur Männer, sorry!) und die anderen Bewohner*innen hatten sich inzwischen in sicherer Distanz aufs Land zurückgezogen und funktionierten dort, in Zelten und Notunterständen, weiterhin mit all ihren Institutionen und Ämtern.

26. HARTMUT ROSA: *Resonanz*. 2018.

27. Ich nenne sie absichtlich nicht kulturelle Zentren, weil Kultur inzwischen der Entschuldigungsbegriff für alle möglichen patriarchalischen Verirrungen geworden ist. Der Satz beginnt meist mit: »In unserer Kultur …« Und dann kommt irgendetwas Abscheuliches. Statt von »kultureller Identität« reden wir lieber von kulturellen Ressourcen, die allen zu Verfügung stehen: also totale »kulturelle Appropriation«! (FRANÇOIS JULLIEN 2016) Das Alphabet (eben ABC) ist eine solche universale kulturelle Ressource. Auch geteilt wird es nicht abgenutzt.

Als XERXES dann besiegt war, feierten die Athener*innen das Überleben ihrer Polis mit einem prächtigen Wiederaufbau.

Auch wenn die Stadt ohne Gebäude auskommt, so können doch geeignete Gebäude ihr Funktionieren unterstützen. Zentrale Treffpunkte, wie damals die Agora und heute eben die ABC-Zentren, sind dafür ideal. Agoras und ABCs sind aber keine Marktplätze und keine Theater. Die athenische Agora war zuerst der politische Treffpunkt, der Markt entstand erst später aus den Imbissbuden rundherum, die die Bürger mit Erfrischungen zwischen den Sitzungen versorgten. Die athenischen Bürger brauchten gar keinen Markt, weil ihre Subsistenz durch ihre von Sklav*innen bewirtschafteten Landgüter garantiert war.

Die ABC sind also notwendig, um die Entpolitisierung der Bürger*innen durch Kommerz und Unterhaltung rückgängig zu machen. In kleinen Städten tagen dort das Stadtparlament und der Stadtrat, in großen Städten besprechen die Quartierbürger*innen sowohl Quartierangelegenheiten als auch gesamtstädtische Themen. Im zweiten Fall treten neben die Quartierräte, die nur konsultative Funktionen haben, die Stadtbehörden und das Metro-Foyer (siehe *Glomo 3*), wo die stadtweite Diskussion stattfindet. Das Zusammenspiel von nur beratenden Institutionen und formeller, demokratischer Mitentscheidung macht erst eine lebendige Selbstverwaltung möglich.

Während in südlichen Ländern die Plätze (Piazza, Plaza, Plateia, Zocalo) vor den Rathäusern mit den zu verschiedenen Parteien und Verbänden gehörenden Bars, Cafés oder Circolos eine Art ABC-Funktion übernehmen, braucht es in regnerischen, kalten oder zu heißen Gegenden geeignete Gebäudestrukturen. In gewissen Städten gibt es schon Volkshäuser, Vereinshäuser oder maisons du peuple, die neben einem Restaurant verschiedene Säle und Zimmer für Parteien und andere Organisationen anbieten. Oft fehlen aber solche Häuser in neueren Quartieren oder sie wurden ihrer Funktion beraubt oder sind zu lokalistisch beschränkt.

Ein typisches ABC ist ein Paket von großem Salon mit Gastronomie, eigenem Hotel (für Gäste aus aller Welt), Quartiercollege, diversen Sitzungszimmern, einem Globex-Depot für Fair-Food-Produkte (als Ergänzung zu den Mikrozentren) wie Kaffee, Tee oder Spezialitäten. Eine Wand des großen Salons heißt Weltwand, auf sie können via Internet Veranstaltungen mit allen anderen ABC geteilt bzw. projiziert werden. Die ABC bilden so ein globales Netzwerk, sie machen Weltpolitik auf lokaler Ebene. Lokale Politik ist ein Widerspruch in sich selbst, denn Menschen sind nur als universale Wesen vollständig.

Neben die genossenschaftliche Selbstverwaltung tritt also ein neu belebter Munizipalismus (vielleicht à la BOOKCHIN), der die öffentlichen Dienste bewahrt und verstärkt. Die *Glomo 1* drohen sich in egoistische Lebenswelten abzuschließen, wenn sie nicht in diese politische Sphäre eingebunden sind. Bestenfalls wäre das dann eine bewusst »arme« Ökosiedlung, schlimmstenfalls eine Gated Community für Reiche. Rein praktisch gesehen gibt es verschiedenste Dienstleistungen, die auf dieser Ebene besser organisiert werden können. So braucht nicht jedes *Glomo 1* einen Kleinlaster, um seine Lebensmittel vom Land in die Stadt zu transportieren. Ein gemeinsamer Quartierfuhrpark mit einem passenden digitalen Reservierungssystem wird genügen.

Das Quartier, die Stadt und vor allem das Territorium (*Glomo 4*) verfügen über Fonds zum Ressourcenausgleich (materiell oder als Finanzausgleich) zwischen den untergeordneten Modulen, damit es keine allzu großen Unterschiede zwischen armen und reichen Modulen gibt. Solche Systeme bestehen ja heute schon und sie müssen erhalten und ausgebaut werden.

Wichtig sind externe Rekursinstanzen für *Glomo 1*-Bewohner*innen, wo sie bei ungerechter Behandlung gegen ihre Nachbarschaftsgenossenschaft klagen können. Ohne Rechtsstaatlichkeit keine Commons. Darauf weist schon Elinor Ostrom hin, die eine Aufsichtspflicht größerer gegenüber kleineren Commons empfiehlt.

Es gibt in der ökologischen Szene eine gewisse Tendenz, off-grid zu gehen, also fast autarke Ökodörfer zu gründen, keine Steuern zu bezahlen, die Kinder selbst zu unterrichten usw. Dieser scheinbar idyllischen Versuchung sollten wir nicht nachgeben. Der Versuch, der bösen Gesellschaft und den korrupten Staatsapparaten zu entkommen, ist verständlich, aber eigentlich unkooperativ. Kooperation in größeren Maßstäben wird gefürchtet, weil sie weniger persönlich, formeller und natürlich missbrauchsanfällig ist. Aber der Rückzug in Nischen ist letztlich reaktionär: Wir müssen die globalen Herausforderungen annehmen. Öffentliche Dienste sind ein unverzichtbarer Commons, den es zu erobern, zu verteidigen und auszubauen gilt. Selbstverständlich geht das nicht ohne stufenweise Demokratisierung. Die taktische Autarkie der *Glomo 1* ist dafür eine sichere Basis.

Glomo 3

Städte und Umregionen (*Glomo 3*) sind noch einmal umfassendere Commonssphären, die weitere Kooperationsfelder, wie Universitäten, Spitäler, Laboratorien und Industrien aller Art, politische und kulturelle Foren, unterhalten können. Starke und vielfältige städtische Zentren fördern Synergien und reduzieren den Verkehr.

Die heutigen Megastädte sind eine Fehlentwicklung, die durch den Umbau in große Städte (500.000 bis 1 Million Bewohner*innen) korrigiert werden kann. Oft handelt es sich um Pseudo-Städte wie Tokio oder Mexico City, die zuerst mit *Glomo 1* und *Glomo 2* »urbanisiert« werden müssen. Es geht darum, allen Weltbewohner*innen Zugang zu den Reichtümern der Epoche zu gewährleisten, auf allen Kontinenten, erreichbar per Bahn oder Bus innerhalb einiger Stunden. Unsere Seidenstraße heißt *Glomo*-Straße.

Zu einer großen Stadt gehört selbstverständlich eine metropolitane Region von um die 10.000 km², denn das ist der Bereich, in dem sich auch die meisten Landbasen der *Glomo 1* befinden. Während sich die *Glomo 1* weitgehend selbst mikroregulieren können, werden in den Regionen Makroregulationen ausgehandelt, zum Beispiel was Umweltstandards, Gewässernutzung, Verkehrssysteme, Justiz und Polizei betrifft.

Symmetrisch zur falschen Landliebe gab und gibt es in den ökologischen Bewegungen einen antiurbanen Reflex. Angesichts der heutigen Megacitys ist das verständlich, aber nicht zukunftstauglich. Trotz aller relativen Vorteile: Es steht nicht gut um unsere Städte. Trotz der kritiklosen Stadthypes von Autoren wie GLAESER, FLORIDA oder OWEN (»everywhere should be more like Manhattan«) müssen wir die Städte im Norden und vor allem auch im Süden des Planeten sanft umbauen. Manhattan ist eine Katastrophe, aber Houston, Texas, ist eine Megakatastrophe. Doch das ist ein schwacher Trost. Wir müssen von den schweren fordistischen Städten, die wir von unseren Vorfahren geerbt haben, zu leichteren, kleinteiligeren und vor allem lebensfreundlicheren Städten kommen. Genau wie in den Ökodörfern sollten wir mehr lokal arbeiten und leben, aber nicht isoliert, sondern verwoben mit dem ganzen urbanen Metabolismus von neuer Industrie, Forschung, öffentlichen Diensten, sozialen Institutionen, Wissenschaft, Kunst. Obwohl wir kein Wachstum mehr wollen, sind wir doch für einen Fortschritt. Wir können uns entwickeln, ohne mehr zu verbrauchen. Weil nur große Städte die ganzen kulturellen und wissenschaftlichen Ressourcen bieten, können wir unseren Reichtum bündeln und gemeinsam genießen. Wir brauchen keine europäischen Städte mehr, keine asiatischen und keine afrikanischen, sondern Weltstädte, überall. Das heißt, Menschen aus aller Welt treffen sich überall, arbeiten zusammen, inspirieren einander.

Städte sind heute funktional zerzaust, Orte sind zufällig, nichts passt zusammen. Darum braucht es einen riesigen Transport- und Kommunikationsaufwand. Nur eine neue, klare Hierarchie von Orten, Funktionen und Institutionen kann Städte zugleich effizienter (ist ja nichts Schlechtes!), produktiver, ressourcenleichter und lebenswerter machen. Wir werden nicht profitabler, sondern weniger und mit mehr Freude arbeiten. Wir brauchen vielleicht noch 10% des heutigen Materialdurchstoßes, aber was wir durchstoßen, wird raffinierter, »wissensdichter« und spannender sein. Statt des dumpfen Konsums immer gleicher Güter treiben wir den geteilten, haltbaren Luxus voran. Qualität kommt vor Quantität. Die Stadt kann autofrei werden, nicht weil wir mehr Velo fahren, sondern weil mehr Funktionen und Güter näher beisammen sind. Wenn vieles am Punkt A (in einer neu konstituierten Nachbarschaft oder in einem Quartierzentrum) schon da ist, muss ich weder mit Auto noch Velo zu Punkt B fahren. Es geht also nicht hauptsächlich darum, die Verkehrsmittel zu optimieren, sondern das Verkehrsaufkommen radikal zu schrumpfen. Wenn dann die wenigen verbleibenden Verkehrsmittel, vor allem im ÖV, noch energetisch besser, leiser und weniger umweltbelastend am Ort ihres Einsatzes werden, dann umso besser. E-Busse gibt es in Zürich seit fast 100 Jahren, sie noch selbstfahrend zu machen, bringt kaum etwas. Zu einem menschenfreundlichen Stadtleben gehören auch die aufmerksame Busfahrerin oder der Taxichauffeur, mit denen man plaudern kann. Diese Chauffeur*innen sind eben nicht nur Fahrer*innen, sie haben eine wichtige Rolle für den Zusammenhalt und die Sicherheit in der Stadt, genauso wie etwa Polizist*innen, Reinigungsarbeiter*innen, Kioskverkäufer*innen, Imbissbudenbetreuer*innen usw. Personal aus dem öffentlichen Raum wegzunehmen, trägt zu seiner Verödung bei. Was Menschen am meisten interessiert, sind immer Menschen, nicht vorbeiflitzende Blechkästen.

Man konnte (bzw. musste) früher in den Städten mit weniger Ressourcenverbrauch leben. In den 1950er Jahren waren (ich habe das erlebt) die Städte noch 1500-Watt-Städte. Man ging noch per Velo in die Fabrik, es gab keine Einkaufszentren auf dem Land, die man besuchen musste. Alle Lebensmittel waren in Fußdistanz erhältlich. Überall gab's Kinos. Die Wohnungen waren zwar kleiner, aber die Kinder konnten auf der Straße spielen, und es gab an jeder Ecke eine Kneipe für die genervten Väter. Informelle Netzwerke gegenseitiger Hilfe existierten vielerorts, oft organisiert von linken Parteien und Gewerkschaften. Es wurde weniger gewaschen, die Kleider hielten länger, Möbel wurden vererbt statt neu gekauft. Geheizt wurde nur die Stube, und auch die nicht immer. Das war natürlich kein Idyll: Es herrschte Kapitalismus. Die Arbeit und die Hausarbeit waren hart. Das Arbeitsleben nahm 40% der Lebenszeit ein, im Vergleich zu 10% heute. Man wollte raus aus jener Stadt, aus jenem Leben. Aber der Ausweg – die sogenannte Konsumgesellschaft – erweist sich heute als Sackgasse. Die Städte sind nur noch brutaler geworden, viele Straßen sind nur noch Autokorridore, die Gebäude wurden monoton und fußgängerfeindlich, Menschen wurden vertrieben durch Büros und ihre Finanzkapitäne. Die Gartenstädte hingegen, wohin man floh, führten in die soziale Isolation und Verödung. Sie sind zwar grün, aber es ist nichts los. Städte sind heute gefährlich und langweilig zugleich.

Inzwischen machen sogar Stadtbewohner*innen Städteferien in Venedig, Paris oder Neapel, um wieder einmal in einer richtigen Stadt zu sein und ungeniert herumbummeln zu können. Was sie besichtigen, sind allerdings nur noch die toten Hüllen einstmals lebendiger Gesellschaften. Immerhin ist sogar Disneyland besser als die meisten echten Städte. Die Agglobewohner*innen überschwemmen die historischen Zentren, weil sie es zwischen Rasen, Hecken, Gartengrill und Parkplätzen nicht mehr aushalten. Der Unterhaltungskommerz zerstört die Innenstädte. Wenn es doch so schön ist auf dem Land – warum bleiben die Leute dann (bitte!) nicht dort?

Was uns bevorsteht, ist eine Rückeroberung der Städte als Orte für ein erfüllendes produktives, aber auch genussreiches Leben. Wir wollen nicht nach dem höheren BIP, sondern nach einem glücklicheren Leben streben. Wachstum und Lebensgenuss haben sich längst entkoppelt. Das Ding dreht sich im Kreis. Was am meisten zum Wachstum beiträgt, ist bloß noch das Beheben der Schäden, die es selbst anrichtet. Der Kapitalismus verspricht uns nichts Spannendes mehr. Sogar Reiche und CEOs langweilen sich oder bringen sich um.

Glomo 4

In vielen politischen Reformmodellen auch der Linken fungieren die heutigen Nationen noch als selbstverständlicher territorialer und institutioneller Rahmen und Adressat für Forderungen. Dafür gibt es historische und emotionale Gründe. Nationen sind allerdings eher Teil des Problems als der Lösung.

Historisch sind sie imperiale Eroberungsgemeinschaften, territorial oft unpraktisch, manchmal zu klein, manchmal zu groß. In vielen Weltgegenden entstanden sie durch willkürlich gezogene Linien auf der Landkarte. Sowohl ökologisch wie ökonomisch sind sie ein Hindernis, auf der politischen Ebene sogar gefährlich.

Darum ist hier radikale Nüchternheit vonnöten. Als Modul entsprechen Territorien einem Gebiet von 225 km Seitenlänge, haben also eine Fläche von um die 50.000 km^2 und um die 10 Millionen Einwohner*innen, also die Größe von Ländern wie Estland oder Belgien, oder von Baden-Württemberg. Sie sind rein funktional und a-ethnisch definiert. Statt sie mit bösartigen alten Flaggen zu dekorieren, könnte man Territorien auch einfach von 1 bis 800 durchnummerieren. Das würde entspannend wirken. Die heutigen ethnischen Unabhängigkeitsbewegungen haben mit der hier gemeinten rein funktionalen Territorialisierung nichts zu tun, sie sind sogar schädlich. Meist sind es rein egoistische, asoziale Abschottungsbemühungen, wie zum Beispiel in der Lombardei, Schottland, Katalonien oder in Ex-Jugoslawien.

Territorien sind groß genug, um überregionale Dienstleistungen in den Bereichen Energie, Verkehr, Bildung, Versicherungen, Nothilfe, Gesundheit, Industrien, Justiz, Polizei, Banken usw. tragen zu können. Sie unterhalten lebenswichtige Industrien. Sie fungieren als souveräne ökonomische Makroeinheiten (Währung[28],Zentralbank, Grenzmanagement, Finanzausgleich, ökologische und soziale Regulationen). Sie eignen sich gut für transparente demokratische Strukturen.

Da Territorien groß genug sind für eine gewisse materielle Autonomie, aber kleiner als große Nationen, helfen sie mit, Machtungleichgewichte aufzuheben und so zu Basis-Subjekten einer ausgewogenen globalen Zusammenarbeit zu werden.

28. Was eine »demokratische Währung« ist, beschreibt JENS MARTIGNONI in seinem Buch *Das Geld neu erfinden* (Versus 2017) sehr einleuchtend. Währung ist eine öffentliche Dienstleistung wie viele andere auch. Es gab auch schon lange Währungen, bevor es Kapitalismus gab. Also keine Angst vor dem Geld!

So können die Territorien (sub)kontinentale Föderationen für bestimmte Zwecke, z.B. das Verkehrswesen, die Forschung, gewisse Industrien, bilden. Eigentlich ein gutes Modell dafür wäre eine weiter föderalisierte USA, ein schlechtes die EU, weil einige große Nationen das Gleichgewicht der Kräfte empfindlich stören. Eine Europäische Förderation würde erst dann funktionieren, wenn die Territorien autonomer und die großen Nationen in passende Territorien zerlegt werden.

Keine Commons ohne Grenzen

Commons sind nur überlebensfähig innerhalb von Grenzen. Grenzenlose Selbstverwaltung schafft sich selbst ab. Auch ökologisch gesehen sind Grenzen wesentlich. So erfordert zum Beispiel eine rationale Wirtschaft, gerade um Verschwendung zu verhindern, Planung. Wenn ich einen Acker bepflanzen will, muss ich wissen, wie groß er ist, damit ich genügend Saatgut beschaffen und die Ernte möglichst genau auf den Konsum abstimmen kann. In Territorien und in anderen Modulen gilt das auch für die Planung der Infrastruktur, die Abstimmung von Kapazitäten und die Organisation der Produktion. Auf politischer Ebene kann Demokratie nur funktionieren, wenn die Zahl, Wohnort und Identität der Bürger*innen *(citoyens)* bekannt sind (siehe ELINOR OSTROMS *Regeln*).

Eine ganz andere Frage ist es, wie Grenzen verwaltet werden, wie »dicht« sie sind und für wen. Im idealen Fall sind sie sozio-osmotische Membrane, die sie einerseits durchlässig machen, andererseits aber so regulieren, dass keine extremen Ungleichgewichte entstehen. All das ist selbstverständlich. Regeln können human sein, Regellosigkeit ist fast immer inhuman (was gerade die neoliberale Spätglobalisierung beweist).

Auch heute sind Grenzen dort unproblematisch, wo die Lebensbedingungen auf beiden Seiten ähnlich sind: Kein Mensch will eine Mauer zwischen Österreich und der Schweiz bauen. Nicht das Bestehen einer Grenze ist das Problem, sondern was auf beiden Seiten geschieht. Aufgrund der Verheerungen des Kapitalismus der letzten 200 Jahre sind heute Grenzen Kampf-

und Todeszonen. Wenn die Löhne in Bangladesch hundertmal und in Rumänien zehnmal kleiner sind als zum Beispiel in der Schweiz, dann sind sie Dämme zur Verteidigung von Ungleichheit und daher illegitim. Diese Ungleichheit zu beseitigen, ist das wichtigste Ziel des am Ende dieses Buches dokumentierten Vorschlags. Doch die Tatsache, dass wir einen großen Plan haben, entbindet uns nicht davon, jetzt schon dort aktiv zu werden, wo wir es können. Das Modell ist keine Ausrede, sondern eine Inspiration.

Aktuell geht es gar nicht um die Grenzen und den Umfang der Zuwanderungen oder der Migrationen im Allgemeinen. Das Thema dient in Wahrheit dazu, autoritäre und reaktionäre Verteidigungsprogramme für die kapitalistische »Hülle« zu legitimieren. Die Entgrenzungsängste sind nichts anderes als Mittel zur Massenmanipulation, sonst müsste es auch umgekehrt gelten: Milliarden von Tourist*innen wuseln auf dem Planeten herum – ohne Unterbringungsprobleme (natürlich sind es mehrheitlich Bewohner*innen der privilegierten Zonen, die 1 %, zu denen wir auch gehören). Statt Angst vor dem Selbstverlust zu empfinden, genießt man den Exotismus, den uns unterbezahlte Caredienstleister*innen in den tropischen Resorts vorspielen.

Allein in Europa stehen 12 Millionen Wohnungen leer. Ökonomisch ist es kein Problem, 20 oder 30 Millionen Zuwanderer*innen anständig zu versorgen. Ja, besonders schlaue Ökonom*innen sagen sogar, Migrant*innen würden sich rentieren, weil sie Drecksjobs machen, das BIP erhöhen und Steuern bezahlen. Mehr als eine Übung in angewandtem Zynismus ist das nicht.

Die Angstmacherei um eine oder zwei Millionen Flüchtende, die pro Jahr an Europas Grenzen anlanden, ist reine Stimmungsmache. Wir brauchen nicht auf das große Programm zu warten – schon heute kann der Norden ohne Probleme Dutzende von Millionen von Flüchtenden oder anderen Migrant*innen aufnehmen. Wir können diese Leistungen als eine erste, bescheidene Anzahlung an das notwendige, im Anhang skizzierte 27-Billionen-Programm betrachten. Wir sind aufgefordert, alles zu tun, um Flüchtenden bei der Reise und in den Ankunftsländern zu helfen. Wir sind legitimiert, dabei zu helfen, dass sie Grenzen überwinden können, dass sie untertauchen können, dass sie nicht zurückgeschafft werden können, auch wenn das nicht legal ist. Es herrscht ein Notstand, der Widerstand rechtfertigt. Wer heute flieht, hat immer recht. Schließlich besteht Europa zum größten Teil aus jenen Kolonialnationen, die für die Verelendung des planetarischen Südens verantwortlich sind. Die Opfer kommen zurück und präsentieren die Rechnung. Es sind eigentlich verblüffend wenige.

Glomo 5

Und damit kommen wir zur globalen Sphäre, wo heute die Konflikte am schärfsten auftreten.

Eine zukünftige globale Organisation kann sich nur teilweise auf die heutigen internationalen Institutionen stützen. Während FAO, UNICEF, WHO einigermaßen akzeptiert sind, sind andere Instanzen wie die UNO als Ganzes, aber auch Weltbank, Internationaler Währungsfonds, WTO, Nato usw. dermaßen in Misskredit geraten, dass es hier einen radikalen Neuanfang bräuchte. Dieser Neuanfang müsste parallel zum Empowerment der potenziellen Territorien geschehen, also von unten und von oben her gleichzeitig erfolgen. Eine globale Organisation (GO) braucht zwei Elemente: Legitimität und Demokratie.

Die Legitimität kann analog zu erprobten demokratischen Strukturen hergestellt werden: Jedes der ca. 800 Territorien entsendet zwei Vertreter*innen (je eine Frau und einen Mann) in eine globale Versammlung. Eine permanente Direktübertragung der Sitzungen über das Globonet garantiert die Transparenz. Die Delegierten können mit ihren Wähler*innen live kommunizieren.

Dieser globale »Große Rat« konstituiert sich als »arbeitende Versammlung« und wählt Kommissionen für die verschiedenen Aktivitätsbereiche. Eine Koordinationskommission (der »Kleine Rat«) von vielleicht 25 Personen behält den Überblick und hilft Parallelismen zu vermeiden.

Die neue Commonswelt ist nur als demokratisch im weitesten Sinn vorstellbar. Dabei kann eine Mischung von direkter Basisdemokratie in den *Glomo 1* und *Glomo 2* bis zu verschachtelten Delegationssystemen als institutionelle Form dienen. Gefahr für die Demokratie entsteht nicht aus Details der Verfassungen, sondern weil externe Mächte (Oligarch*innen, Großunternehmen, Banken) sie sabotieren.

Das letzte System

Wenn heute hunderttausende Demonstrierende einen *System Change* verlangen, dann müsste man sich doch fragen: Welches System wollen sie »danach«? Schnell ist gesagt: Commons natürlich. Commons sind allerdings nur ein abstraktes Prinzip und in ihren Formen sehr vielfältig. Sie bilden auch kein einheitliches System, sondern eine ganze Palette von Formen, sich einen Lebensunterhalt zu sichern. Der Kapitalismus war das letzte homogene System, wo alles über einen Kamm, nämlich den Wert, geschert wurde.

Die alte Formel: 1 Arbeitsplatz – 1 Einkommen – 1 Familienhaushalt, oder Arbeit – Lohn – Konsum, galt für die meisten Menschen nie und ist daran, sich auch in den alten Industrieländern aufzulösen. Prekäre Anstellungen, Gig Economy, mehrere Jobs, saisonale Jobs, Ein-Personen-Unternehmen, Teilzeitstellen nehmen überhand. Die formelle Vollanstellung ist für die Unternehmen schlicht zu teuer und zu unflexibel geworden. Das alte fordistische System verschwindet – es wird auch nicht in einer Ökonomie der Commons wiederkehren. Doch es ist möglich, in territorial abgestuften Kooperationen eine Sicherheit des Lebensunterhalts herzustellen oder, für die meisten, erstmals zu erreichen.

Je nach Tätigkeitsbereich wird es andere Organisationsformen geben. Eine grobe Dreiteilung drängt sich auf: Subsistenz im Haushaltbereich inklusive Landwirtschaft, öffentliche Dienste von Schulen bis Industrien, diverse kooperative und individuelle Unternehmungen. Subsistenz sollte den alltäglichen Lebensunterhalt sichern, öffentliche Dienste alles, was dazu noch notwendig ist, der dritte Bereich sorgt für das nice to have und muss abgesehen von allgemeiner Gesetzestreue nicht reglementiert werden, ganz einfach, weil er zu vielfältig ist: Weder Nagelstudios noch Konfiserien brauchen irgendeine Form von gesellschaftlicher Planung.

Was die Organisationsformen betrifft, so sind die Nachbarschaften oder *Glomo 1* als soziale Form bzw. Institution der Subsistenz gesetzt. Sie funktionieren intern demokratisch. Die Verteilung der Aufgaben kann auf verschiedenste Art geschehen: als Hausarbeitspflicht mit oder ohne Kontrollchips (oder mit einem Algorithmus auf dem Hauscomputer), als Mischung von bezahlter Arbeit und unbezahlten Verpflichtungen. Die Schaffung alternativer Währungen in diesem Bereich ist keine gute Idee, weil sie eine gerechte Verteilung von Aufgaben zerstören würde: Stundenquanten würden gehandelt und zu Ungleichgewichten zwischen tüchtigen und weniger effizienten Mitgliedern führen. Gewisse Aufgaben, die schwierig zu verteilen sind, weil sie besondere Qualifikationen erfordern, sollten besser mit der demokratischen Währung des Territoriums bezahlt werden, die auch konvertibel ist.

Die öffentlichen Dienste werden größtenteils mit bezahlten Einsätzen geleistet werden, damit eine gewisse Flexibilität und Durchlässigkeit zwischen einzelnen Betrieben möglich ist. Im *Glomo 2*-Bereich kann es aber durchaus unbezahlte Pensen geben (zum Beispiel Aufgabenhilfe in Schulen, Pflegen von Gärten oder Parks, Mithilfe bei der Pflegearbeit). Hier sind auch lokale Ergänzungswährungen möglich, die *Glomo 2*-weit gültig sind und einen gewissen Austausch ermöglichen. Sie können auch Planung und Lenkung erleichtern.

Der dritte Bereich ist weitgehend abhängig von einem anerkannten Tauschmittel, aber das wird keine existenzielle Abhängigkeit sein. Zudem wird dieser Bereich der kleinste sein, sozusagen das Spielbein.

Für die einzelne Person wird das unterschiedliche Arbeitsformen bedeuten: unbezahlte (erweiterte) Hausarbeit im Bereich 1, dafür weitgehende existenzielle Sicherung; alternativ vergütete Einsätze im *Glomo 2*- oder *Glomo 3*-Bereich; bezahlte Arbeit in (stark erweiterten) öffentlichen Diensten; bezahlte oder unbezahlte Arbeit im dritten Bereich. Je nach Lebensphase, Saison, Vorlieben, Ausbildung können diese Arbeitsformen variieren.

Im Prinzip werden wir alle zu Teilzeit-Staatsangestellten, die noch andere bezahlte und unbezahlte Aufgaben haben. Wobei sogleich gesagt werden muss, dass der alte Staat sich in eine Sphäre der Commons verwandelt hat. Allerdings ist der HOBBES-Staat, der Staat des ultimativen Gewaltmonopols, in dieser Sphäre noch enthalten. Heute bekäme HOBBES wahrscheinlich den Friedensnobelpreis.

Das Geldeinkommen wird nicht mehr dieselbe Wichtigkeit haben wie heute und kann daher schrumpfen. Wir brauchen eigentlich nur noch ein global konvertibles Taschengeld. Wir werden also alle zu Downshifter*innen, aber nicht immer. So wäre es zum Beispiel unsinnig, wenn eine mit großem Aufwand auf öffentliche Kosten ausgebildete Gehirnchirurgin ihre Zeit hauptsächlich mit Jäten, Kochen oder Putzen verbringen würde. In solchen Fällen kann nicht geleistete Hausarbeit mit Geld abgegolten werden (denn auch die Chirurgin muss ja essen). Es ist aber durchaus denkbar, dass zum Beispiel Einsätze auf der Landbasis gerade von solchen Spezialist*innen als Ausgleich geschätzt werden.[29]

Eine Commons-Ökonomie wird nicht nach Branchen und Unternehmen strukturiert sein, sondern nach Territorien und Funktion. Daher lässt sich eine Tabelle erstellen, die die drei Bereiche nach *Glomo 1* bis *Glomo 5* verteilt. Das Prinzip ist: so lokal wie möglich, so funktional wie erforderlich. Wo Planung nötig ist, kann sie also nach dem Subsidiaritätsprinzip demokratisch gestaltet werden.

Es spielen nicht mehr Nachfrage und Angebot, sondern nur noch Nachfrage und ökologische und soziale Rahmenbedingungen bei der Produktion eine Rolle. So diskutiert zum Beispiel

29. Ich verwende den Begriff Gerechtigkeit nicht, weil er leicht verbogen werden kann, bis zur schleimigen Fairness oder gar der individualisierenden Chancengleichheit. Ich ziehe Gleichheit vor, definiert in Watt, Quadratmetern, Kilos, Stunden, Kilometern, Stimmberechtigung usw.

ein *Glomo 1* den landwirtschaftlichen Anbauplan und stimmt ihn dann iterativ mit den vorhandenen Ressourcen ab. Die nötigen Algorithmen zur Unterstützung sind heute kein großes Problem mehr.

Abscheuliche Gleichmacherei?

Nun gut: Wir haben fünf globale Module und ihre funktionale Definition, die alles abdeckt. Ist das nicht brutal vereinfachend? Gibt es nicht verschiedene Größenordnungen, verschiedene Vorstellungen über Demokratie, eine Vielfalt von Modellen, verschiedenste Arten des Zusammenlebens? Und vor allem: verschiedene Kulturen?

Nein. Klar ist es spannend und dramatisch, wenn ein klimatisierter Off-Roader an Menschen vorbeibraust, die barfuß im Schlamm waten. Natürlich ist das Leben aufregender, wenn bewaffnete Banden den Stadtteil terrorisieren. Hingegen ist es langweilig, wenn die dänische Yoga-Gruppe sich im Gemeinschaftszentrum trifft. Ein Vorschlag generiert an sich keine Vielfalt und keine Spannung, er ist lediglich eine vernünftige Plattform für ein normales Leben. Er ist aber zugleich die Voraussetzung für entspanntere Formen von Vielfalt als arm/reich, ohnmächtig/mächtig, imperial/ausgebeutet. Wir können uns dann immer noch über HEGEL versus SCHOPENHAUER, ACDC versus MOZART, elegant statt salopp, Bordeaux oder Chianti, Bauhaus oder Heimatstil, Stäbchen oder Messer und Gabel, Weihnachten oder Ramadan streiten. Genauso wie »Kultur« ist auch Vielfalt oft nur ein Deckbegriff, um das allgemeine Verlangen nach einer gesicherten, glücklichen Existenz für alle zu verdrängen. Wir wollen langweilige Territorien für alle. Die anderen sind aufregend, wir sind langweilig, aber nützlich. Die Daten zeigen, dass Menschen in langweiligen Ländern am glücklichsten sind und dass daher große Migrationsbewegungen etwa vom öden Dänemark in den dramatischen Kongo nicht wirklich zu beobachten sind.

Offensichtlich ist die Verteidigung von Ungleichheit mit Pluralismus oder Vielfalt (Diversität ist keine Tugend an sich) zynisch. Das gilt auch für jene Relativist*innen, für die die

Demokratie nur ein westliches Phänomen ist, während andere Regionen, wie z.B. Russland oder China, eben eine »starke Hand« brauchen. Der Aufstand in Hongkong zeigt, dass Chines*innen nicht genetisch autoritär eingestellt sind und sich Demokratie genauso wünschen wie wir.

Die vorgeschlagenen Module sind keine abgehobenen Konstrukte, sondern sie entsprechen vielfältigen bestehenden Einheiten, die nur neu eingestellt werden müssen. Obwohl klar definiert, haben sie eine breite Realisierungspalette und sind auf konkrete Situationen überall anpassbar. Obwohl er radikal erscheint, ist der *Glomo*-Vorschlag eigentlich reformistisch, sozusagen unheimlich machbar. Die zwei wichtigsten Innovationen sind die *Glomo 1*-Nachbarschaften und die *Glomo 4*-Territorien, sie sind daher auch am schwierigsten zu realisieren. Munizipale Dienstleistungen (*Glomo 2*) und Stadtregionen (*Glomo 3*) hingegen gibt es heute schon in verschiedensten Formen. Oft sind sie an bestehenden historischen administrativen Grenzen vorbei aus infrastrukturellen Notwendigkeiten einfach entstanden – als Zweckverbände von Gemeinden oder, in der Schweiz, von Kantonen. Sie müssen nur neu verfasst, gestärkt, verdichtet und zentralisiert werden.

Der Provinzialisierung von Nationen (BRUNO LATOUR) stehen große historische Traditionen entgegen. Doch Geschichte ist keine Entschuldigung, sie ist da, um immer wieder neu gemacht zu werden.

Wir brauchen also einen Vorschlag, der nicht nur aus Adjektiven und Aufrufen an Parteien und Regierungen besteht, sondern genau definiert, wie es denn aussehen soll. Wenn wir uns auf keinen Vorschlag einigen, dann bleibt alles, wie es ist. »Gleichmacherei« ist konkretisierte Gleichheit. Man könnte etwas pathetischer auch sagen: Gerechtigkeit.[30] Und die wollen wir.

30. Ich habe einmal mit einer Chefärztin zusammen auf dem Acker Kartoffeln sortiert. Hat Spaß gemacht.

»Our home is our castle«

Was die »kulturellen« Widerstände und Hürden betrifft, so sind sie ebenso bekannt wie trivial. Die Französ*innen sind zu individualistisch, die Griech*innen allzu familienorientiert, die Amerikaner*innen kleben am Hauseigentum, die Brit*innen sagen: »My home is my castle«, die Deutschen wollen überall Häusle bauen, die Osteuropäer*innen hassen alles, was nach Kooperation, Genossenschaft und Gemeineigentum riecht, weil sie gebrannte Kinder aus den Zeiten des Kommandokapitalismus sind, die Türk*innen sind halt sehr nationalistisch, schade! schade! usw. In all diesen Ländern gibt es jedoch genügend Gegenbeispiele. Weltweit 800 Millionen Menschen sind schon Mitglieder von Genossenschaften aller Art.

Partikularistische Widerstände aus dem Weg zu räumen ist ja gerade die Aufgabe all jener, die einen universalen Vorschlag verwirklichen wollen. Es ist trivial: Nichts ist einfach. Das wussten wir schon. Es geht nicht darum, Gründe zu finden, warum etwas nicht geht, sondern zuerst darum, Ziele zu definieren und dann Hindernisse aus dem Weg zu räumen. In diesem Zusammenhang muss sich das »Narrativ des Wohnens« verändern. Wohnen ist heute im Wesentlichen eine Fluchtbewegung. Nach der Entfremdung am Arbeitsplatz brauchen wir einen Resonanzraum, wo wir wieder wir selbst sein können, umgeben von lieben Dingen und Menschen. Wohnen, Einrichten, Gärtnern sind Ersatzhandlungen in einer feindlichen Welt, die man nicht verändern kann oder will. Die psychischen und geistigen Schädigungen sollen repariert und kompensiert werden, damit ein neuer Arbeitstag möglich wird. Wohnen dient der Reproduktion der Arbeitskraft. War damit früher wesentlich die physiologische Reproduktion – Essen, Schlafen, Kinder zeugen – gemeint, so verlangen die heutigen Arbeitsformen (bzw. Bullshit-Formen) immer mehr psychische und kognitive Reproduktionsformen. Wir brauchen andere, sinnerfülltere Erlebnisse an Wochenenden und vor allem in den Ferien, eine Simulation von »echtem Leben« in Vereinen,

31. Siehe *zusammen haushalten*. Neustart Schweiz 2019.

rustikalen Dörfern, abgelegenen Stränden. »Sinn« ist auch ein Konsumartikel. Einfamilienhaussiedlungen simulieren dörfliche, autarke Lebensweisen und Gemeinschaften. Leider gelingt das heute immer weniger, zum einen, weil der Arbeitsstress noch größer geworden ist, zum anderen, weil die Flüchtenden sich gegenseitig bei der Abgeschiedenheit behelligen: Wenn alle das Gleiche tun, dann ist das eben eine Form des Massenkonsums, egal wie personalisiert die Grundrisse und Offroader-Modelle sind. Die Häuschen stehen sich im Weg. Zwischen Burn-out und Grillsmog gelingt die Reproduktion nicht mehr. Familiendramen häufen sich. Ökologisch ist es ohnehin eine Katastrophe.

Glomo 1, eigentliche Proletarier*innenpaläste, bieten in dieser Zwangslage sowohl einen pragmatischen wie auch einen systemischen Ausweg. Genossenschaftssiedlungen neuen Typs, wie Kalkbreite oder mehr-als-wohnen in Zürich, bieten mehr echte Begegnungen, gemeinschaftliche Erlebnisse und auch mehr Komfort für alle. Zudem ist das Leben in ihnen günstiger und das nicht nur wegen der niedrigeren Kosten- statt Marktmieten.[31] Das »Narrativ des Wohnens« kann durch das Propagieren, Illustrieren und Erzählen des neuen Palastlebens gefördert werden. Was die alten Bourgeois an ihren Grandhotels (Palace, Excelsior, Eden, Bellevue …) so schätzten und was die massenhaft verschickten Neo-Proletarier*innen in den Resorts in der Südtürkei oder Thailand so schätzen, kann Teil des neuen Alltags werden. Wir könnten es zu Hause schön haben, mehr Luxus genießen und dennoch ökologische Grenzen einhalten und weniger arbeiten. Der *Glomo 1*-Rolls-Royce, -Chevrolet oder -Maibach werden zu Symbolen dieses neuen Narrativs: Ein geteilter Luxuswagen ist billiger als 200 miefige Dacias, und es hat mehr Stil, wenn man damit zur goldenen Hochzeitsfeier ausfährt oder die Schwiegermutter vom Bahnhof abholt. Geteilte solide Dinge sind ökologisch, Uhren kauft man für die Enkel*innen mit, die Garderobe im Mikrozentrum ist unerschöpflich, wir können uns handgemachte Massivholzmöbel leisten. Wir könnten leben wie die Fürst*innen, wenn wir uns zusammenrauften. Oder dann halt wie Hipster*innen,

LOHAs oder Neohippies. Wir sind offen für Vorschläge. Es muss ja nicht Belle Epoque sein. Es ist dieses Narrativ, das subversiv ist, und nicht die Versorgungsmodelle des existentiellen Minimums. Es ist sozialer als Sozialwohnungen.[32] Es geht also darum, dass die Neo-Proletarier*innen davon überzeugt werden, dass sie doch bitte in Palästen leben sollten.[33]

Paläste für 10 Milliarden Menschen

Es mag zynisch klingen, die Proletarier*innen der Welt aufzufordern, doch gefälligst in Palästen zu wohnen. Es ginge auch nicht aus dem Start heraus. Selbstverständlich bedingt die Einrichtung eines globalen Commons, dass ein gigantischer Transfer von Ressourcen aus den imperialen Regionen in die ausgebeuteten Regionen erfolgt, damit sie ihre *Glomos* aufbauen können. Es geht um Billionen von Dollar, nicht um lumpige Milliarden. Und es wird nicht genügen, einige Milliardär*innen zu besteuern.

Es mag naiv erscheinen, einfach mal einen Finanzierungsplan für den Weltumbau vorzuschlagen. Da momentan keine passenden Akteur*innen in Sicht sind (oder sehen wir sie nur nicht?), erscheint das als eine überflüssige Übung. Es kann also hier nur um das Prinzip (Global Climate Justice) und einige Größenordnungen gehen.

Während Industrieländer des Nordens teilweise hypertrophe Infrastrukturen haben, fehlen diese im planetarischen Süden: Spitäler, Schulen, öffentlicher Verkehr, Kommunikationssysteme, Energie, Wasser, mechanische Ausrüstungen. Es wird also

32. Die überholten Narrative führen oft dazu, dass Sozialwohnungen, die in einigen Genossenschaften gebaut wurden, größer und luxuriöser sind als diejenigen der normal zahlenden Genossenschafter*innen, die längst andere Prioritäten haben.

33. Ältere Sozialdemokrat*innen mögen sich noch an den Artikel ihres Parteigenossen KARL BÜRKLI im *Volksrecht* vom 18. Juli 1898 erinnern, der Sozial-, Volks-, Proletarier- oder Konsumpaläste nach dem Modell der Bourgeoispaläste vorschlug: »Solche Bourgeoispaläste gibt es ja im Schweizerland zu hunderten, unsere Fremdenhotels sind ja weltberühmt und wegen ihres Comforts, den sie den Fremden bieten, mustergültig; aber in einem solchen Hotel, es mag noch so groß sein, für hunderte von Fremden Schlafräume und Zimmer haben, findet man doch nur eine Küche, nur einen Keller, nur ein Restaurant, wo jeder nach der Karte oder an der table d'hôte speisen kann, exakt so wie im Proletarierpalast, nur raffinierter, aber auch teurer.«

eine entsprechende, zeitweise Umleitung von Investitionen erforderlich sein.[34] Wenn wir für die 16.000.000 Nachbarschaften (*Glomo 1*) je 5 Mio. Dollar einsetzen, dann wird eine Investitionssumme von 80 Billionen Dollar benötigt (heutiges Welt-BIP: 77 Billionen). Das wäre unrealistisch. Die Zahl 5 Millionen ist willkürlich, aber einigermaßen plausibel. Im Norden sind 5 Millionen Dollar nicht viel und genügen knapp, um eine Nachbarschaft und ihre Landbasis umzubauen (Mikrozentrum usw.).

Im globalen Süden kann man mit 5 Millionen Dollar gut zehnmal mehr bewirken, was auch richtig und nötig ist. Die Tatsache, dass wir, die sogenannten 99%, nur die Hälfte des globalen Vermögens besitzen, klingt zwar skandalös, kann aber auch positiv gesehen werden: Wir besitzen 50% der Assets, und es ist an der Zeit, dass wir damit etwas Vernünftiges machen. Einige von uns 99% erhalten durchaus anständige Löhne und könnten es sich leisten, zum *Glomo*-Umbau beizutragen. Das umso mehr, als er ja auch ihre Lebenskosten senken würde. Da der Umbau der Nachbarschaften in den reichen Ländern ohne Weiteres aus dem normalen Investitionsfonds bezahlt werden kann, brauchen wir nur eine zusätzliche Finanzierung (bzw. die dadurch beschafften Ressourcen) für die ärmsten 30%, 2,5 Milliarden Menschen, also 27 Billionen Dollar. Verteilt auf zwanzig Jahre wären das 1,35 Billionen pro Jahr, was machbar ist.

Es ist nicht so, dass die arbeitenden Massen am Rande des Elends leben und kein Geld haben, um selbst gemeinsame Investitionen zu tätigen. Das Beispiel der Genossenschaften zeigt, dass auch kleine Beiträge summiert genug Leverage ergeben, um *Glomo 1* aufzubauen.[36]

34. Siehe *Das Buch Nur*. Neustart Schweiz 2017: Wenn Konsumausgaben in Investitionen umgelenkt werden, kann die wirtschaftliche Entwicklung relativ harmonisch gesteuert werden. Siehe TIM JACKSON.

35. Im Zürcher Modell braucht es ca. 6 % Eigenkapital, um eine genossenschaftliche Überbauung zu realisieren. BOUDET, S. 248

36. Siehe urbamonde.org; Wohngenossenschaften in der Schweiz und Schweden haben Partnerprojekte im globalen Süden.

Entsprechende Beispiele gibt es weltweit. Statt in idiotische Häuschen auf dem Land, dicke Autos und Konsumkrempel zu investieren, können auch normal Verdienende sich aus eigener Kraft aus den Fesseln der imperialen Lebensweise (dem Konsumkäfig, wie TIM JACKSON es nennt) befreien. Wenn wir wollen, können wir also den Umbau ganz allein bezahlen, ohne Milliardär*innen enteignen zu müssen. Einmal weniger ausgehen, ein iPhone überspringen, und schon ist der Planet gerettet. Wir verfügen auch über genügend Zeit, um uns zu treffen und zu organisieren: Es genügt, ein paar Abende ohne Fernsehserien oder Computer-Spiele zu verbringen. (*Das perfekte Dinner* können wir selbst veranstalten und für subversive Initiativen benutzen – damit würde es wirklich perfekt.)

Wenn wir die Schweiz als Beispiel nehmen, dann entsprechen 1,35 Billionen proportional zu den 0,67 %, die sie zum Welt-BIP beträgt, 9,045 Milliarden. Die Schweizer Lohnabhängigen verdienen pro Jahr 400 Milliarden (Franken bzw. Dollar). Die 9,045 Milliarden entsprechen also 2,26 % davon oder 142 Franken des gegenwärtigen Medianlohns von 6.300 Franken. Das ist kaum mehr als ein Trinkgeld. Am besten organisieren sich die Weltgenossenschafter*innen im Norden ihren selbstverwalteten Fonds und lassen die Ressourcen den *Glomo 1*-Genossenschaften im Süden (oder Osten) direkt zukommen.

Teilen und Kooperieren geht auch weltweit.[36] Was es braucht, sind allerdings ein überzeugendes und attraktives Gesamtkonzept und neue Organisationsformen. Die Lohnabhängigen verfügen über die notwendigen Ressourcen, das Problem ist das Zusammenkommen, eine Bewegung der Selbstermächtigung. Statt die Menschen zu versorgen, geht es darum, sie zu mobilisieren, damit sie sich selbst helfen können. Es gibt keine subversivere Idee.

Politik für Commons zu machen ist möglich

Gut und schön, ein logisches Weltmodell ohne Wachstumstreiber, Krieg und Ausbeutung: Davon haben wir schon einige gesehen. Der entscheidende Punkt besteht wohl darin, inwiefern ein solches Modell (und es ist ein Modell, noch keine pfannenfertige Handlungsanweisung) bei der konkreten Umsetzung dienen kann. Die Antwort lautet: Es ist entscheidend.

Glomo 1 z. B. haben nur einen Sinn, wenn sie in der gesamten Einbettung gesehen werden, sonst werden sie zu letztlich sterbenden Inseln von Glückseligen. In vielen Städten gibt es Initiativen, die als Genossenschaften mehr oder weniger die Eckwerte von *Glomo 1* anstreben (je nach Situation und Möglichkeiten; siehe *Nach Hause* kommen. 2019, ab S. 70). Solche Brückenköpfe der Zukunft werden meist automatisch zu starken Faktoren in Stadtteilbewegungen (*Glomo 2*) und prägen immer mehr die gesamtstädtische Politik (*Glomo 3*). In mehreren *Glomo 1* haben global agierende NGO nicht zufällig Stützpunkte oder Büros. *Glomo 1* haben ein Potential, das weit über schöner Wohnen für wenige hinausgeht – wenn sie wollen.

Im Rahmen heutiger »territorialer« (bzw. leider nationaler) Initiativen spielt ein Gesamtmodell eine große Rolle. Wenn wir weniger Land und Energie verbrauchen sollen, dann müssen zugleich Lebensweisen geschaffen werden, die das ermöglichen. Andernfalls werden rein öko-diktatorische Regulierungen, die noch einmal auf Kosten der weniger Verdienenden gehen, zurückgewiesen (siehe *Gilets Jaunes*). Städte können genossenschaftliche Nachbarschaften oder lokale Dienstleistungszentren fördern oder eben nicht. Wenn sie es tun, schrumpft der Quellverkehr und man kann ohne Auto leben, ohne einen Komfortverlust zu spüren.

Das Modell *Nach Hause kommen* kann als Kompass auf allen Ebenen angewendet werden, was vor allem dann wichtig ist, wenn man gezwungen ist, kleine Schritte zu tun. Oder konkret: Irgendwann hört die Grassroots-Ökoaktivistin auf, Gemüsekisten herumzuschleppen, wenn sie nicht weiß, dass sie es in einem potenziell funktionierenden Gesamtzusammenhang tut. Menschen sind von Anfang an universelle Wesen. Ohne diese Dimensionen verkümmern sie. Die Metapher des Bottom-up oder Top-down ist in der Praxis untauglich, ja schädlich. Menschen sind nur darum schon top-down, weil der Kopf oben sitzt.

Obwohl die Linke lieber großartige Regulationen anstrebt (einige davon durchaus sinnvoll), demobilisiert und demoralisiert sie viele Menschen, die zu Bezüger*innen, Berechtigten, Hilfsbedürftigen, Empfänger*innen und Opfern kleingeschrumpft werden. Erst langsam beginnt sie zu begreifen, dass es Handlungsmöglichkeiten gibt (z.B. *Glomo 1*-Gründungen), die auch Menschen mit wenig Einkommen offenstehen und die mobilisieren, statt nur zu versorgen. Es ist typisch, dass Macron mit Geld um sich wirft, es aber nicht unternimmt, den in Vorstädten vereinzelten Menschen bei ihrer territorialen und sozialen Reorganisation zu helfen.

Ohnmächtig gefangen in Netzen

Im Gegensatz zum territorial/institutionell definierten Modell *Nach Hause kommen* werden heute zur Lösung von Problemen immer mehr Vernetzungen und Optimierungen von Transporten vorgeschlagen. Selbstverständlich sind Vernetzungen, Kommunikation im Allgemeinen, immer notwendig. Doch Vernetzungsmodelle kranken daran, dass Netze wegen ihrer Unverbindlichkeit leicht reißen können und dass sie heteronom manipulierbar sind (Internet). Die Frage ist letztlich, wer Admin ist. Netze, auch Verkehrsnetze, schaffen Abhängigkeiten, vor allem dann, wenn sie entlang der Marktlogik organisiert sind und die Nutzer*innen alleinlassen. Es geht ja nicht darum, die Verkehrsmittel zu optimieren oder das Internet schneller zu machen, sondern weniger Verkehrsaufkommen zu generieren und Informationen zweckdienlicher und demokratisch kontrollierbar zu machen. Darum ist es als Gegengift gegen den allgemeinen Vernetzungswahn wichtig, mehr Kerne zu bilden, mehr Offline-Gemeinschaften, die face-to-face kommunizieren, kooperieren und Kartoffeln produzieren.

Die meisten »Communities« sind nur Plattformen. Persönliche Verbindlichkeiten werden angesichts unserer hyperindividualisierten Sozialisation als mühsam und lästig empfunden. Wir kommen aber letztlich nicht darum herum: Die zerrissenen Bande müssen wieder geknüpft werden. Wenn wir es nicht tun, werden andere es auf ihre manipulative Art tun. Netze haben wir schon genügend, nun müssen noch wir User*innen persönlich zusammenkommen. Wir wollen ja nicht mit dem Smartphone in der Hand oder am Bildschirm nach dem letzten Mausklick verhungern.

Gibt es eine Strategie? Und wenn nein, was machen wir dann?

Strategie kommt von griechisch *strategos*, General. Und wie wir ja wissen, ist das erste Opfer einer Schlacht der Schlachtplan. Weil wir keinen General und keine Generalin wollen, kann es auch keine Strategie geben, sondern nur eine Vielfalt von Wegen aus dem Kapitalismus. Die Ansatzpunkte für den Gesamtumbau befinden sich überall. Die Idee einer allgemeinen Revolte, die zu einer Revolution und einer neuen Welt quasi über Nacht führen würde, ist nicht nur illusorisch, sondern auch schädlich. Entgegen den Phantasien diverser Möchtegern-General*innen muss ein Wandel sorgsam, umsichtig und allmählich erfolgen. Weder die Umwelt noch unsere Nerven vertragen grandiose Kraftakte. Auch dann nicht, wenn es eigentlich drängt. Übertriebene Dramatisierungen führen nicht zu tragfähigen Lösungen.

Nur schon die Demontage der Chimäre »Arbeit« braucht Zeit. Teilen und Kooperieren sind mühsam und müssen erlernt werden. Das in Jahrtausenden zerstörte Grundvertrauen wieder herzustellen erfordert Durchhaltevermögen und hohe Frustrationstoleranz. Fortschritt besteht in wiederholtem Scheitern und Wiederaufstehen, ist also eher ein Stolpern als ein fröhliches Voranschreiten in eine lichte Zukunft. Was wir uns ausmalen könnten, wären einige typische Szenarien von Wandel.

Da wäre zum Beispiel eines für ein *Glomo 1*:

Wie die Nachbarschaft EMMA entstand

Es begann damit, dass FRANZISKA und ENRICO der Gemüsekooperative Ortonovo beitraten, die einige Kilometer vor der Stadtgrenze auf zwei Hektar Land Gemüse für 200 Haushalte produzierte. Jeden Donnerstag wurde eine Tasche gemischtes Gemüse geliefert, in ein Depot, das sich etwa 300 m von ihrer Wohnung entfernt befand. Das fanden sie sehr unpraktisch, doch für ein eigenes Depot hätte es noch einige weitere Genossenschafter*innen gebraucht. FRANZISKA und ENRICO konnten eine Familie, eine WG und noch zwei Einzelpersonen zum Mitmachen motivieren – und nun stellte sich die Frage: Depot wie und wo? Zufälligerweise machte gerade ein kleiner Laden schön in der Mitte der Nachbarschaft dicht. Da sagte EMILIA: »Warum mieten wir nicht zusammen den Laden, dann können wir noch weitere Lebensmittel zusammen direkt einkaufen, haben ein Depot und noch einen Treffpunkt?« Dafür brauchte es noch weitere Anwohner*innen, die interessiert waren, denn es musste ja die Miete bezahlt werden. Zu diesem Zweck gründeten die Ortonovo-Leute und einige andere den Verein MA für das Lokal an der Emma-Straße.

In einem Umkreis von etwa 100 m wohnten 654 Menschen. Das stellte sich als gerade richtig heraus, denn die Nähe war wichtig, damit der MA-Laden bequem zu Fuß und innerhalb einer Minute erreichbar war. Andererseits sollte die Zahl der möglichen Beteiligten nicht zu groß sein, damit die Organisation nicht zu aufwendig wurde und eine persönliche Identifikation möglich blieb. Vertrauen braucht bekannte Gesichter.

Kaum war der MA-Laden offen, stellte sich heraus, dass man eine*n bezahlte*n Betreuer*in/Organisator*in/Verwalter*in brauchte, um die Bestellungen und die Freiwilligenarbeit zu organisieren. GIORGIO aus der WG hatte Lust und Zeit. Er machte seine Arbeit mit Bravour und betrachtete den MA-Laden als künstlerische Installation. Er sah jede Woche wieder anders aus.

Im Laden montierte jemand ein Anschlagbrett, wo allerlei Haushaltsgüter, Wohnungen und Zimmer, Dienstleistungen, Betreuungsangebote usw. getauscht werden konnten.

Da Lieferungen und Nachfrage nie ganz zusammenpassten, hatte KARIM die Idee, dass man mit den liegengebliebenen Lebensmitteln doch gleich auch noch zusammen kochen und essen könnte. Dafür war der Laden zu klein. Es ging aber gerade nebenan ein Restaurant pleite. Inzwischen beteiligten sich immer mehr Anwohner*innen am MA-Verein, und so wurde auch das Restaurant von einem vom Verein angestellten Team übernommen. Die Wand zum Laden wurde durchbrochen. Es entstand eine Art Nachbarschaftszentrum, das mit einer Mischung von bezahltem Kernteam und einem wachsenden Kreis von unbezahlten Freiwilligen unterhalten wurde.

Inzwischen produzierte Ortonovo zusammen mit einem benachbarten Bauernbetrieb auch Milchprodukte, Eier und Fleisch. Der Laden konnte erweitert werden, indem eine Erdgeschosswohnung dazugeschlagen wurde. »Wir brauchen eine Werkstatt«, stellte dann FLORA fest, weil immer mehr Bewohner*innen Sachen reparieren statt wegwerfen wollten. Zufällig wurde ein weiteres, angrenzendes Lokal einer gescheiterten Modeboutique frei.

Das MA-Zentrum wurde zu einer Art Wohn- und Essstube der Bewohner*innen. Es kamen immer weitere Funktionen und Räume dazu: Eine Wohnung gerade über dem Restaurant wurde zu einer Gästepension umgewandelt, es wurde eine Wäscherei mit großen, ökologischen Waschmaschinen eingerichtet, es wurde ein Taschenserver für die Mitglieder in Betrieb genommen. So konnte man einen Kaffee trinken, das Intranet benutzen und auf die Wäsche warten.

Schließlich waren einige benachbarte Hausbesitzer*innen bereit, ihre Häuser dem MA-Verein zu verkaufen unter der Bedingung, dass dieser sich in eine gemeinnützige Genossenschaft umwandelte. Das geschah auf der Stelle. Dadurch konnten immer mehr Wohnflächen unter den Mitgliedern je nach Bedarf getauscht und besser genutzt werden. Die Wohnfläche pro Person konnte sinken, ohne Komfortverlust. Zudem wurde günstige Wohnfläche erhalten und dem Markt entzogen. Die drohende Gentrifizierung wurde gestoppt. Kleinere Häuschen wurden abgerissen und machten Platz für kompaktere Gebäude. In Baulücken wurde neu gebaut und einige Dachstöcke wurden in Wohnraum umgewandelt. Es lohnten sich auch größere ökologische Sanierungen. Die gesamte Ökobilanz verbesserte sich. Das Leben wurde günstiger. Immer mehr Mitglieder reduzierten ihre Erwerbsarbeit und hatten so mehr Zeit für Nachbarschaftsarbeit. Dadurch wurden die Lebenskosten weiter gesenkt und das Leben an Ort und Stelle bunter. Ein lauschiges Nachbarschaftsplätzchen entstand gerade vor dem MA-Zentrum. Manche überlegten sich sogar, ob sie wirklich noch Ferien brauchten.

Als die benachbarten Bewohner*innen sahen, wie gut EMMA funktionierte, dachten sie sich: Was die können, können wir schon lange. Und so entstanden rundherum und in der ganzen Stadt BERTAS, CLARAS, DORAS, OTTOS, OLAFS, ALIS usw.

Eines Tages erschien ANTONIA mit einem farbigen Büchlein an der Bar. Sein Titel war: *Nach Hause kommen*. »Schaut mal,« rief sie aus, »wir haben ohne Absicht eine multifunktionale Nachbarschaft genau nach diesem Modell gegründet! Wir sitzen hier im Mikrozentrum, haben die direkte Belieferung mit Nahrungsmitteln durch eine Landbasis organisiert, teilen Arbeit und Vergnügen und kooperieren an Ort und Stelle!«

»So ein Zufall,« versetzte ENRICO breit grinsend.[37]

Selbstverständlich ist dieses Szenario viel zu reibungslos. In der Realität rechnen wir mit Rückschlägen, finanziellen Engpässen, fehlendem Interesse, persönlichen Unverträglichkeiten, Ausfällen von aktiven Personen usw. Doch ein solches Szenario von unten könnte in vielen Situationen funktionieren: in Blockrandbebauungen von Innenstädten, als Kooperation zwischen größeren Wohnblöcken am Stadtrand oder in der Agglomeration, in Kleinstädten oder sogar in kleinen Dörfern und Weilern. (Vrin im Kanton Graubünden wäre ein oft zitiertes Beispiel.)

37. Was in EMMA entstand, ist eine Synthese verschiedenster bestehender Ansätze, Projekte und Genossenschaften.

Grumakro: Ein Märchen vom Rand einer großen Stadt

Die große Stadt meint, sie müsse wachsen oder untergehen. Verdichtung heißt das neue Motto: Wo jetzt vier Menschen wohnen, sollen in Zukunft zwanzig wohnen. Doch es fehlt an Platz, also baut man in die Höhe: zehn, zwanzig Geschosse. Die Ausnützungsziffer steigt auf 4, das bedeutet Hochhäuser. Doch neben dem zu überbauenden Areal befinden sich 100 ältere Einfamilienhäuser, die nicht in den Planungsprozess einbezogen werden. Ihre Bewohner*innen sollen also in Zukunft auf 60 m hohe Wände starren, die ihren Schatten auf ihre Gärten werfen. Begründet wird dieser Unsinn mit kompensatorischer Verdichtung: Weil die Häuschen nur eine Ausnützung von 0,5 erreichen, braucht es Hochhäuser, womit dann eine mittlere Verdichtung von um die 2 (oder 200%) erreicht wird, was für eine Stadt an sich vernünftig ist. Das ist vergleichbar mit Städten wie Paris, Barcelona oder Berlin, die als attraktiv gelten. Es braucht eben viel Menschen dicht beieinander, damit viel Austausch möglich wird, viele Begegnungen, eben Resonanz, Spannung, Kunst, Kultur und Spaß. Dichte ist also gut, aber so nicht.

Die Bewohner*innen der Häuschen nahmen also ihren Kampf gegen die Planung der Stadt auf. Die verhielt sich hochnäsig: Auf unserem Land machen wir, was wir wollen; ihr seid doch nur nostalgische Antiurbane, ewige Nimby[38]-Verhinderer*innen; und sowieso: Alles ist schon geplant, ihr kommt zu spät. Die gegenseitige Verbitterung nahm zu; es wurden kosmetische Korrekturen an der Planung vorgenommen, ein Pärklein versprochen. (Hochhäuser, dafür Pärklein: ein alter Trick! Aber was macht man schon in einem Pärklein?)

Doch eines Tages kamen Vertreter*innen einer der neueren Genossenschaften[39] ins Quartier und stellten eine alternative Planung vor, die die Häuschen einbezog. Die Häuschenbesitzer*innen waren nicht amüsiert. Their homes were their castles. Die Genossenschaften schlugen nämlich vor, alle Häuschen abzubrechen und drei große *Glomo 1* zu bauen, mit einer

38. „Not in my backyard": egoistische, geistig beschränkte Bauverhinderer.
39. Siehe BOUDET, DOMINIQUE (Hg.): *Wohngenossenschaften in Zürich, Gartenstädte und neue Nachbarschaften*. Park Books 2017.

durchschnittlichen Ausnutzung von um die 200%. Es waren Blockrandbauten mit großem Innenhof, zwischen fünf bis acht Geschossen. Sie hatten sich viel Mühe gegeben, den neuen Plan mit einer bunten Skizze zu illustrieren.

Das hätte ein Mikrozentrum mit Restaurant, Laden und Gewerberäumen alle 100m bedeutet. Entstehen würde ein lebendiger Quartierteil, ökologisch korrekt, ökonomisch günstig, sozial attraktiv. Die Häuschenbesitzer*innen waren schockiert: Was waren das für falsche Freund*innen? Wieder wollte jemand über ihre Köpfe hinweg planen. Die waren genauso schlimm wie die Planungsbürokrat*innen der Stadt.

So vergingen ein paar Jahre. Die Stadt plante weiter, die Politiker*innen machten Druck, vor allem die linken: Es musste Wohnraum her. Dann sagte eines Tages FRIEDRICH zu SILVIA: »Eigentlich ist es doch gar nicht so lustig in diesen alten Häusern. Einige haben schon Mühe, die Treppen hochzukommen. Der Unterhalt fällt immer schwerer. Läden und Kneipen sind längst verschwunden. Der Kontakt zu den Nachbar*innen fehlt. Was verteidigen wir eigentlich?« SILVIA stand auf. »Da war doch diese Skizze der Genossenschafter*innen…« Sie holte sie.

»Im Grunde meinen sie es gut. Eine schöne Wohnung im Erdgeschoss mit gemeinsam genutztem Garten im Hinterhof, keine Treppen, günstige Miete. Wenn wir unser Land als Genossenschaftsanteil einbringen, kostet uns das gar nichts.«

»Warum gründen wir nicht selbst eine Genossenschaft?«, meinte FRIEDRICH.

Und so geschah es. Inzwischen hatten die Genossenschaftsvertreter*innen eine neue Skizze gemacht, die als Entwicklungsplan funktionierte. Auf dem Areal der Stadt entstünden normal dichte Bauten, die dann allmählich mit den verschwindenden Häuschen zu den drei großen Blockrandnachbarschaften umgebaut werden konnten. Nicht alle Häuschenbesitzer*innen traten der Genossenschaft Grubakro bei, doch es reichte für einen großen Artikel in der Tageszeitung: »Häuschenbesitzer*innen opfern ihre Häuschen für eine genossenschaftliche Überbauung.«[40] Unerhört!

Und so sind diese Bewohner*innen ihrer kleinen Castles daran, ihr »Narrativ des Wohnens« zu verändern. Wie das Märchen ausgeht, wissen wir nicht. Vielleicht setzt sich die Stadt doch noch durch. Vielleicht treten zu wenige der Genossenschaft bei. Doch es wurde bewiesen, dass eines der hartnäckigsten »Narrative des Wohnens«, der Traum vom eigenen Häuschen, überwunden werden kann. Aus einem Abwehrkampf kann eine Erneuerungsbewegung werden. Wenn man weiß, was man wünschen kann.

Wenn das in Zürich geschehen kann, warum dann nicht weltweit? Weg mit dem alten Narrativ!

Die Rolle der Politik

Denkbar sind aber auch Szenarien, wo eine Stadt oder gar ein Territorium beschließt, *Glomo 1*-Initiativen gezielt zu unterstützen und zu initiieren. Das könnte auch im Rahmen von IBAs geschehen, so wie es die Genossenschaft Lena in Basel vorgeschlagen hat. Diese Szenarien machen einen Umweg über die Politik, indem Parteien oder Verbände für dieses Modell gewonnen werden. Das Problem ist dann oft, dass die Bewohner*innen das Heil von politischen Akteur*innen und Institutionen erwarten und sowohl Lust wie auch Energien für aktives Mitmachen auf der Strecke bleiben. Das Empowerment muss direkt und allgemein sein und eine ökonomische Basis (*Glomo 1*) haben. Der Staat soll also nicht *Glomos* machen, sondern die Bewohner*innen befähigen, sie selbst aufzubauen. Das ist ein großer Unterschied zu den grandiosen Regulationsinitiativen, die wir in der Schweiz jedes Jahr wieder erleben und ablehnen. Vielleicht ist das Volk weiser als die Initiant*innen.

Generell ist es so, dass grundlegende gesellschaftliche Veränderungen und Initiativen die Ebene der Regierungen erst erreichen, wenn sie schon passiert sind. Regierungen sind Re-agierungen, die den vollzogenen Wandel nur noch regulie-

40. https://www.tagesanzeiger.ch/zuerich/stadt/Diese-Zuercher-geben-ihr.../11263101.

ren, juristisch verarbeiten und verallgemeinern. Das ist durchaus notwendig. Aber es bedeutet auch, dass es fruchtlos ist, nur an die »Verantwortlichen« zu appellieren (wie es momentan bei Philosophen und Wissenschaftlern von PRECHT bis WELZER und LESCH Mode ist) und auf ihr Handeln zu warten. Das schlägt dann schnell in eine lähmende Versorgungshaltung um. (»Wir haben ein Recht auf…« Niemand hat ein Recht, wenn er keine Macht hat.)

Stadtteilinitiativen: Ansatzpunkte und Erfahrungen

Glomo 2-Szenarien, wo eine Bürgerinitiative zum Beispiel für ein ABC kämpft, gibt es immer wieder. Die Belebung von Quartierzentren ist ein Anliegen, das vielerorts verfolgt wird. Oft fehlt dann aber der »Unterbau« der *Glomo 1*, und es ergeben sich Probleme bei der realen *Aneignung* von zentralen Plätzen oder Bauten. Niemand fühlt sich richtig zuständig, Parks und Plätze veröden, es hapert mit der Programmierung des kulturell-intellektuellen Zentrums. Kultur und Unterhaltung allein beleben kein Zentrum, es müssen unverzichtbare Alltagsfunktionen dazukommen, inklusive politische Organisation.

Die meisten Initiativen auf *Glomo 2*-Ebene bestehen darin, Entwicklungen zu verhindern: Shopping-Center, Straßen, Prestigeprojekte, Großüberbauungen (siehe Grumakro), Hochhäuser usw. Auch daraus können positive Initiativen werden; oft aber versanden rein defensive Bewegungen, weil kein appetitliches Transformationsmodell vorhanden ist.

Es wäre also besser, nicht zu sagen, was man nicht will, sondern was man auf einem bestimmten Areal will. Dann sind die Baukonzerne oder die öffentliche Hand die Verhinderer*innen. Aber es ist meist leichter zu wissen, was man nicht will, als was man will. Warum eigentlich?

Widerstand ist oft notwendig, aber nur mit Widerstand allein erreicht man keine wirklich gründlichen Veränderungen. Oft bleibt man nur mit Nackenschmerzen oder Depressionen zurück.

Erfahrungsgemäß ist es meist einfacher, Stadtteil-Initiativen zu gründen als Nachbarschaftsprojekte. Unter 20.000 Mitbürger*innen findet man eben leichter ein Dutzend Gleichgesinnte als gleich die nötigen 500 Genossenschafter*innen für ein *Glomo 1*. So sind Initiativen für Prototypen von ABC, also Quartiertreffpunkte, Quartierlokale usw., oft schneller erfolgreich als ihr »logischer Unterbau«, die Genossenschaften.

Ein solches Projekt ist L200 in Zürich. Es handelt sich dabei um ein etwa 100 m^2 großes Ladenlokal an einer der wichtigsten Vergnügungsstraßen in Zürich, der Langstraße. Es ist eine typische bahnhofsnahe Ausgehstraße mit Nachtlokalen, Prostitution, Wurstbuden, vergleichbar vielleicht mit der Langen Reihe in Hamburg. Da die Miete sehr hoch ist, beteiligen sich um die 40 Gruppen und Organisationen an der Nutzung des Lokals: die Wohnbaugenossenschaft Nena1, die Asylorganisation Zürich, die Walk-in-Deutschkurse anbietet, eine Diskussionsrunde zum Thema Lebenssinn und Tod, Transition Town, diverse Kleingewerbetreibende, die Quartierinitiative 5im5i, eine Theatergruppe usw. Manchmal halten auch politische Parteien dort Versammlungen ab. L200 dient als Co-Working-Space, Treffpunkt, Veranstaltungsort, improvisierter Filmsaal, Werkstatt. Die Wohnungsmieter*innen über dem Lokal nutzen gelegentlich die Küche für gemeinsame Abendessen. Die ausgezeichnete Lage hat den Vorteil, dass auch Nachtschwärmer*innen aus dem Umland in Kontakt mit städtischen Initiativen kommen und dass so die links-grüne Bubble etwas durchbrochen wird. Wie überall ist die Stadt links-grün regiert, während im Kanton die rechte SVP (der AfD vergleichbar) herrscht.

L200 sieht sich im Kontext eines nachbarschaftlichen Umbaus des ganzen Quartiers. So hat die Gruppe 5im5i (5 Nachbarschaften im Stadtkreis 5) das Quartier aufgrund einer Bewohner*innenanalyse in fünf mögliche Nachbarschaften eingeteilt, ihnen Namen und mögliche Mikrozentren zugeordnet und versucht nun, die Bewohner*innen für diese Perspektive zu interessieren (bisher mit mäßigem Interesse).

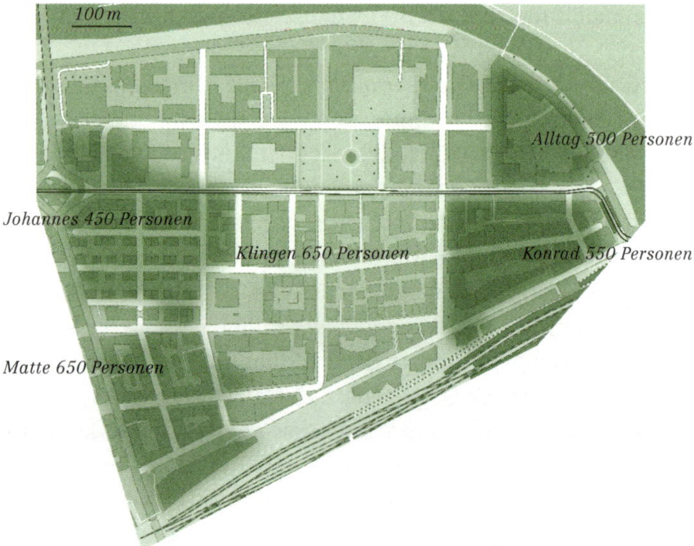

Sehr oft ergeben sich neue Handlungsmöglichkeiten, wenn man Ziele nicht direkt anvisiert (oder sie noch gar nicht kennt), sondern sie sozusagen über die Bande erst entdeckt. So kann es geschehen, dass Quartierbewohner*innen sich bei einer Initiative gegen den Verkehr und für bessere Luft kennenlernen und dann leere Gebäude entdecken, aus denen man ein ABC machen kann, oder sie gründen eine Genossenschaft und übernehmen leer stehende Häuser. Das würde man dann als kollateralen Gewinn bezeichnen.

Bei der Umsetzung von Nachbarschaftsprojekten ergeben sich aus der lokalen Situation verschiedene Ansatzpunkte. In den Städten mit langer politischer Tradition und guten Beziehungsnetzwerken kann man nach dem Kraftwerk1-, oder neuerdings dem Tübinger Modell, vorgehen: Eine Gruppe definiert ein Projekt, skizziert es grob auf einem Papier, sucht Mitglieder, gründet einen Verein, sucht ein Areal, gründet eine Genossenschaft und realisiert es mit weiteren Interessent*innen. So hat Neustart Tübingen innerhalb kurzer Zeit 30 aktive und über 200 interessierte Mitglieder gefunden und jetzt auch ein passendes Areal. Auch Warmbächli in Bern, Lena in Basel und viele andere (siehe *Nach Hause kommen*, ab S. 70) sind so entstanden. Ein solcher »kopflastiger« Approach ist nicht undemokratisch, denn das ursprünglich von einer kleinen Gruppe definierte Projekt kann ja immer wieder verändert werden. Angst vor überkonkretem (m^2, Preis, Grundrisse) Vorprellen ist nicht angebracht. Genauigkeit schafft Vertrauen. »Alles-offen-Lassen« klingt zwar sympathisch, aber macht unterschwellig Angst. (»Wissen die überhaupt, was sie wollen?«)

Schwieriger wird es in kleinen Städten oder gar in isolierten Dörfern, wo eine gewisse soziale Vereinzelung vor allem in Einfamilienhaussiedlungen besteht. Hier kann es nützlich sein, über niederschwellige Aktivitäten wie Flohmärkte, Bauernmärkte, Kaffeekränzchen, Social-Food-Events, Reparaturcafés usw. die Leute zuerst einmal zu erreichen und zusammenzubringen. Das Risiko besteht, dass es bei diesen schönen Events bleibt und keine Nachbarschaftsgenossenschaft zustande kommt. Es hilft sicher, wenn über Medien, Literatur, Vorträge usw. das Nachbarschaftsmodell flächendeckend bekannt wird als das, »was man heute macht« (»the thing to do«). Aber Leuchtturmprojekte sind besser als Tausend Flyer oder Broschüren.

Anknüpfen an bestehende Vereine, Projekte, Genossenschaften, Traditionen ist eine gute Idee. Es ist aber doch entscheidend, dass wir ein klar definiertes Konzept, basierend auf Zahlen, Fakten und konkreten Erfahrungen, propagieren. Nur so kann man dann auch herausfinden, was nicht geht.

Vielerorts gibt es schon Gemeinschaftszentren oder andere brauchbare Räumlichkeiten, die unternutzt sind. Sie einfach nur zu beleben, wird wohl nirgendwohin führen. Es könnte jedoch in gewissen Situationen erfolgversprechend sein, sie kühn als Mikrozentrum einer (noch nicht konstituierten) Nachbarschaft rundherum zu bezeichnen. Langfristig genutzt werden solche Orte nur, wenn sie effektiv für den Lebensunterhalt (und nicht nur für Spaß und Freizeit) gebraucht werden. Ein Mikrozentrum als Ersatz für eine zusammengebrochene Lebensmittelversorgung (Ladensterben, Kneipensterben) wäre eine ernsthafte, lebenswichtige Nutzung, von der aus weitere dazukommen könnten: haushaltnahes Gewerbe, Waschdienst, niederschwellige Pflegedienste usw. (siehe EMMA). Ein Mikrozentrum ist kein Kulturzentrum, sondern ein Logistikzentrum, auch wenn Feste, Spiele, Bars, Jazzabende dann automatisch dazukommen. Ein funktionierendes Kultur- und Politikzentrum braucht mindestens ein Quartier, also einige Tausend Nutzer*innen.

Bei der Kommunikation ist eine ausgewogene Verknüpfung von offline und online notwendig. Nur Online-Kommunikation (soziale Medien, anonyme Vernetzung usw.) erzeugt Risiken des Missbrauchs und bringt zu wenige langfristige persönliche Verbindlichkeiten, die für Genossenschaftsprojekte unabdingbar sind. Communitys und Netzwerke sollten nur (oder hauptsächlich) unter Mitgliedern aufgebaut werden, die sich auch persönlich kennen. Dafür gibt es heute Intranets in bestehenden Genossenschaften und die Möglichkeit von Taschenservern in Treffpunkten (wie zum Beispiel L200 in Zürich).

Die Aufgabe eines Modells wie des oben skizzierten besteht darin, die Aufmerksamkeit für Möglichkeiten und Chancen zu schärfen. Gerade weil wir gezwungen sind, kleine Schritte zu machen und uns um abwegige Zumutungen (Neoliberalismus) zu kümmern, brauchen wir einen guten Kompass. Die Gewissheit, im Rahmen eines universalen Gesamtprojekts zu handeln, ist eine entscheidende Motivationsquelle.

Linksrealisten und Terrestrier: vereint – oder doch nicht?

Was hat ein faktenbasierter Vorschlag, der zuerst einmal auf unseren Alltag abzielt, mit den großen politischen Auseinandersetzungen unserer Zeit zu tun? Mit Europa? Mit den USA und China? Mit der Weltwirtschaft? Dem Neoliberalismus? Mit den neuen autoritären Strömungen? Wie steht es mit Degrowth und Post-Extraktivismus? Warum wählen die Brasilianer*innen plötzlich rechts, wo doch der linke LULA so viele von ihnen aus der Armut geholt hat? Wo sind die vielen Genossenschaften, die angeblich unter CHAVEZ in Venezuela gegründet wurden? Warum organisieren sie nicht zusammen mit den

Bäuer*innen die Versorgung mit Lebensmitteln, wenn die Petro-Dollars nicht mehr fließen? Die Saudis haben praktisch das garantierte Grundeinkommen – warum akzeptieren sie ein reaktionäres Regime?

Der Vorwurf, dass viele sich in lokale Initiativen geradezu flüchten, weil die Welt zu kompliziert geworden ist, lässt sich nicht von der Hand weisen. Das unmittelbar Machbare übt eine unwiderstehliche Faszination aus. Wer sich um größere Zusammenhänge kümmert, gilt schnell einmal als Schwätzer*in, Schaumschläger*in und ewige Theoretiker*in. Es gibt in der Tat viele Politiker*innen und politische Denker*innen, die die Bodenhaftung verloren und sich hoffnungslos in ihren Theoremen verheddert haben. Sie haben, wie BRUNO LATOUR es vielleicht sagen würde, das »Terrestrische« aus dem Blick verloren. LATOUR sieht in den aktuellen Bewegungen den gemeinsamen Nenner, dass »die Menschen das Land zurück wollen« (nicht: *ihr* Land, das wäre nationalistisch). Mit »Land« meint er nicht nur Ackerland und Landschaften, sondern die Kontrolle über die wirklichen Lebensgrundlagen, also auch das Land (Gebäude, Wohnungen, Straßen, Plätze, öffentliche Einrichtungen, Industrien usw.) in den Städten. Das Recht auf Land schließt das Recht auf Stadt mit ein. Es geht also nicht nur um Verteilung, sondern um Zugang, um reale Aneignung (bzw. Enteignung der wenigen durch die vielen).

Wie schon anfangs bemerkt, herrscht jedoch bei linken Politiker*innen der Diskurs über Verteilungsgerechtigkeit vor. Das ist zwar gut gemeint, führt aber letztlich in die Ohnmacht. In einem neueren Text schlägt YANIS VAROUFAKIS (*Le Monde diplomatique*, März 2019, S. 7) einen Neuen Deal vor, der kein Deal[41] ist, sondern ein Forderungskatalog. 2 Billionen Euro sollen für einen ökologischen Umbau eingesetzt werden. Die EZB soll dafür Wertpapiere herausgeben. Mit den Milliardengewinnen der europäischen Zentralbanken soll ein Fonds

41. Bei einem Deal (einem Handel) geht es um Geben und Nehmen. Die Armen sollen also nehmen, aber was sollen sie geben? Wohl hauptsächlich ihren Willen, bei dem üblen Spiel namens Kapitalismus weiter mitzumachen, also die »Tagesstruktur« nicht zu sabotieren …

gebildet werden, aus dem jeder Mensch in der EU unter der Armutsgrenze unterstützt würde. Firmen, die in der EU aktiv sind, sollen einen bestimmten Prozentsatz ihrer Aktien auf einen neuen europäischen Aktienfonds übertragen, dessen Dividenden den Sozialhilfeorganisationen zugutekommen. Die France insoumise (THOMAS GUÉNOLÉ, *Le Monde diplomatique*, März 2019, S. 6) schlägt wieder einmal die Tobin-Steuer und eine neue Geldpolitik der EZB vor, die zum Beispiel die bäuerliche Landwirtschaft unterstützt. Diese europäischen Forderungen entsprechen ziemlich genau den schweizerischen, etwa des *Denknetzes*. Sie entsprechen wohl auch dem Green New Deal der linken Demokraten in den USA, die ebenfalls viel Geld in den ökologischen Umbau pumpen bzw. umleiten wollen. Das soll ohne allgemeine Steuererhöhungen gehen, nur die Reichen sollen wieder Steuern bezahlen und der Staat soll Schulden machen. Das nennt sich dann »moderne Geldtheorie«, ist aber nur der alte Keynesianismus. Da hat man Angst vor einer *Gilets-Jaunes*-Reaktion.

All diese links-realistischen Politiker*innen betonen, dass das Geld eigentlich vorhanden ist, ja ungenutzt herumliegt, und dass es keinen Grund zum Sparen gibt. Dabei wird rituell Deutschland für seinen absurden Sparkurs gerügt, sogar vom IWF. Das stimmt natürlich: JOSEPH STIGLITZ spricht ja seit langem von einem Überfluss an Spargeldern (»Savings glut«). Die Tatsache, dass von einigen Nationalbanken Negativzinsen verrechnet werden, beweist, dass zu viel Geld herumliegt. Allerdings heißt das nicht, dass es für soziale und ökologische Programme oder Projekte zur Verfügung steht. Genauso wie Arbeit nur noch eine repressive Tagesstruktur ist, ist auch das globale Finanzsystem ein reines Disziplinierungsmittel gegen abweichlerische Regierungen oder Projekte, die wirklich einen Ausweg öffnen. Es wäre also vernünftig, das ungenutzte Kapital für eine soziale und ökologische Erneuerung einzusetzen. Das heißt nicht, dass diese Politik eine Chance hat. Die strukturellen Kapitalinteressen bestimmen immer noch Investitionen und Politik.[42]

Europa: Ausweg oder Sackgasse?

Zum Thema Europa erfahren wir von den Linksrealist*innen viel Vernünftiges. Meist wird vorausgeschickt, dass die EU ein zutiefst neoliberales Projekt sei. Das macht Europa allerdings nicht schlechter als jeden beliebigen Staat. Neoliberalismus ist einfach ein schwammiger Begriff für den heute normalen Kapitalismus. Wir haben seit 250 Jahren »Neo«liberalismus. Das wäre kein Grund, gegen die EU zu sein. Dass zum Beispiel die Schweiz nicht längst der EU beigetreten ist, hat eher damit zu tun, dass sie noch neoliberaler als diese ist. Der Grund ist mangelnde Solidarität: Die reichste Bäuerin tritt nicht der Talgenossenschaft bei. Als Friedensprojekt (egal ob kapitalistisch oder nicht) ist die EU genügend legitimiert. Die Idee, die EU neu zu starten oder die Verträge neu zu verhandeln (was die Linksrealist*innen alle vorschlagen), um sie in eine ökologische Sozialunion zu verwandeln, ist bestechend. Wer will das nicht? Wer wollte es nicht schon immer? Bei La France insoumise heißt es allerdings: Wenn das nicht gelingt, dann ziehen wir uns (beleidigt?) in unsere Nationen zurück und versuchen diese zu reformieren. Und dort geht's dann weiter mit besserer nationaler Verteilung von Reichtümern. Ein paar Kollateralschäden, wie z. B. Mauern gegen Migrant*innen, etwas National-Sozialismus usw., nimmt man in Kauf. Man ist ja nicht schuld, dass die EU sich nicht reformieren lässt. Beim Brexit ist es genauso gelaufen. Die national-sozialistische Regression scheint sich auch bei SAHRA WAGENKNECHTS *Aufstehen* nicht ausgezahlt zu haben, sodass sie das Unternehmen abbrechen musste. Eine Bewegung lässt sich nicht einfach erfinden, vor allem nicht mit einem derart schwammigen Programm.

Ein Neustart auf dem westasiatischen Landzipfel und der Mittelmeerregion ist aus rein topografischen, »terrestrischen«, Gründen unvermeidlich. Vielfältige Zweckverbände für Verkehrssysteme, Energie, Sicherheit, Technologien usw. drängen

42. Ich sage absichtlich nicht »die Kapitalist*innen«, die berühmten 30 oder 60 Billionär*innen, die sich in Davos treffen usw. Personen haben schon lange die Kontrolle über die kapitalistische Dynamik verloren. Und via Pensionskassen und Sparguthaben sind wir praktisch alle Kapitalist*innen. Wir bekämpfen ein System, keine Personengruppe.

sich auf, genauso wie es auch die alte Eidgenossenschaft war. Viele schweizerische Gemeinden schließen solche Zweckverbände ab, weil sie für gewisse Infrastrukturen (Abfall, Schulen, Verkehr) zu klein und die Kantone inzwischen dysfunktional (je nach Thema zu klein und zu groß) geworden sind. Dafür braucht es weder eine Flagge noch eine Hymne. Die Idee, eine »Weltmacht« wie die USA oder China zu werden, hat das europäische Projekt in die Irre geleitet, ja vergiftet. Besser wäre es, sich als regionale Vorform einer globalen Organisation (*Glomo 5*) zu verstehen und alles zu tun, um als sachorientiert, unaufgeregt und topografisch anpassbar zu erscheinen. Europa braucht auch keine Identität, denn alle Menschen werden ja Schwestern und auch die Toten sollen leben (SCHILLER). Je nach Thema gehört mal Ägypten dazu, manchmal auch wieder Russland, dann Grönland eher nicht, ebenso kann Großbritannien mit oder ohne Schottland mitmachen. *Fluctuat nec mergitur.*

Das Problem ist nicht die geografische Dimension, sondern das unterschiedliche Gewicht der Mitglieder. Hier gibt es immer noch frustrierte Großmachtallüren zwischen Deutschland, Frankreich, Russland, England usw., die eine Kooperation auf Augenhöhe verunmöglichen. Letztlich hilft nur eine radikale Provinzialisierung (LATOUR), also eine Aufteilung in *Glomo 4*, die relativ autonom als eigene Wirtschaftsterritorien überleben, durchaus auch mit eigener Währung (Geld tauschen macht Spaß, unterstützt die soziale Kommunikation). Nach dem Vorbild schweizerischer Gemeinden können diese Territorien je nach Thema entspannt zusammenarbeiten. Das ist wiederum nur denkbar, wenn die allgemeinen Lebensbedingungen vergleichbar sind, wenn also auch der Umbau zu *Glomo 1* bis *Glomo 3* parallel fortschreitet. Das ist nicht mit ein paar Verteilungstricks zu erreichen, sondern mit einem klar definierten, universalen Umbauprogramm, das das ganze Gewebe von Arbeit, Ernährung, Lebensstil, Institutionen, Produktion beinhaltet.

Damit keine globalen Ungleichgewichte und lokale Risiken entstehen, sollte also die *Glomo*-Invasion überall auf dem Planeten etwa gleichzeitig geschehen. Man könnte das mit dem

Phasenübergang bei der Magnetisierung vergleichen: Zuerst entsteht ein Fleckenteppich von verschiedensten *Glomos*, dann, wenn die Situation gesättigt ist, kippt alles gleichzeitig. Es sollte also kein *Glomo 4* in nur einem Land geben, bei Strafe militärischer Intervention oder ökonomischer Isolation. Pionier*innen und Avantgardist*innen sterben. Wichtig ist ein neuer Mainstream.

Warum nicht die Finanzierungstricks der Linksrealist*innen mit dem Commons-Umbauprogramm kombinieren? Schließlich können all die Billionen, die unspezifisch für den ökologischen Umbau eingesetzt werden sollen, für den Aufbau von *Glomos* verwendet werden, so wie ich es im Falle des *Green New Deal* im Jahr 2009 vorgeschlagen habe.[43] Das kommt den 2 Billionen von VAROUFAKIS ziemlich nahe. Auch die 200 Milliarden des *Denknetzes* wären willkommen. So könnten sich Neorealist*innen und Terrestrier*innen doch noch finden. Ich befürchte allerdings, ein solches Programm wäre nicht sehr realistisch, weil es das Verschwinden des Kapitalismus, so wie wir ihn kennen, impliziert.

Schon der Versuch, die Expropriation der Reichen als einen realistischen Deal zu verkaufen, ist naiv. Sie werden es merken. Deshalb habe ich vorgeschlagen, den ökosozialen Umbau aus dem Lohnfonds zu finanzieren, das heißt mit abgestuften Lohnabzügen, die auch zu Konsumverzicht führen. Statt in den Konsum soll Geld in Investitionen in *Glomos* weltweit fließen. Da diese Module wiederum die Lebenskosten senken, wird kein Lebensqualitätsverlust entstehen. Was es dazu braucht, ist allerdings eine neue Vorstellung vom guten Leben, die mehr auf menschliche Zuwendung, auf mehr lokale Genüsse, auf mehr Langsamkeit, kurz: auf ein neues Narrativ, setzt. Schon die Idee, die nötigen Milliarden von den Löhnen abzuziehen, ist jedoch ein Anathema für die Linksrealist*innen. Sind nicht

43. Ich habe damals 4 Billionen (trillions) Dollar für den Umbau der USA vorgesehen. (*Turbulence #5*, 2009, turbulence.org.uk), dazu noch 100 Billionen für den Umbau der Welt. Auf zehn Jahre verteilt hätten wir das inzwischen geschafft … aber es hört ja niemand auf mich.

gerade die *Gilets Jaunes* wegen einer ökologisch begründeten Benzinpreiserhöhung auf die Straße gegangen? Das stimmt, doch das geschah eben, weil diese Preiserhöhung in keinem Zusammenhang zu einer Veränderung der Lebensbedingungen gestellt wurde. Mit billigem Benzin sollen die bestehenden Strukturen im Gegenteil betoniert werden.

Die unerwartete nächste Veränderung: das »Andere«

Wenn wir BRUNO LATOURS Spekulationen über eine grundlegende Veränderung des politischen Koordinatennetzes folgen, dann wird sich die nächste große Bewegung nicht mehr im bisherigen politischen Spielplan einordnen lassen. Sie wird weder populistisch noch links noch rechts noch konservativ oder progressiv sein. Sie wird sich direkt um die alltäglichen Angelegenheiten drehen, um Land, gegenseitige Fürsorge, Gerechtigkeit, Selbstorganisation, und zwar in einem globalen Rahmen. Wie sie aussehen wird, können wir noch nicht wissen, vielleicht wird sie ohne große Demonstrationen, rote Mützen, grüne Fahnen, schwarze Hoodies, gelbe Westen und andere Symbole auskommen. Die ganze links-grün-anarchistische Traditionspflege ist eher ein Teil des Problems als der Lösung. Wir sagen: Zahlen, Fakten, vernünftige Vorschläge. Wir brauchen im Unterschied zu den Populist*innen keine Ideologien und Mythen (das Abendland, unsere kulturelle Identität, unsere ganz besondere Nation usw.).

Vielleicht wird es seltsame Demos[44] mit durchsichtigen Plastiktransparenten und Fahnen geben, damit man die Menschen besser sehen kann. Auf einem der transparenten Transparente könnte der Satz stehen: »Sie wissen schon, wer wir sind.« Vielleicht wird sie in den Medien nicht einmal vorkommen. »The revolution will not be televised.« Und womöglich wird sie im Internet sowieso den neu installierten Uploadfiltern zum Opfer fallen, wie die Hongkonger Revolte in China.

44. Momentan fallen mir gerade die Sardinen in Italien ein..

Schon heute treffen sich Gruppen und Komitees wieder persönlich ganz bewusst unter dem Radar von Internet und Medien, um ihre Angelegenheiten zu besprechen und Pläne zu schmieden. Statt sich in Chatrooms aushorchen zu lassen, belebt sich wieder die alte WG-Idee, Dinge bei einem gemeinsamen Essen zu besprechen, mit Jour Fixe und in rotierenden Küchen und Salons.[45] Das Leben ist offline, da bin ich mit HARALD WELZER ganz einverstanden. Vielleicht wird es nicht einmal eine »Bewegung«[46] sein, sondern etwas anderes, Unfassbares, Diffundierendes. Meme können sich auch ohne Internet virenartig multiplizieren. Das »Andere« wird nicht einer Wachstumslogik gehorchen (Clicks, User, Follower, Freund*innen), sondern sich eher wie ein Ölfleck horizontal ausbreiten. Unaufhaltsam. Vielleicht wird das »Andere« sein Ziel erreicht haben, bevor Politiker*innen, Kapitalbesitzer*innen und ihre Manager*innen es überhaupt bemerken, weil sie am falschen Ort suchen. Wenn wir uns nicht selbst überraschen, werden wir verlieren.

The system has been changed.

45. Siehe auch *Cuisines sans frontières*: Beizen als lokale Treffpunkte. https://www.cuisinesansfrontieres.ch.

46. »Die Bewegung« war die Selbstbezeichnung der NSDAP und ist es jetzt wieder von KEVIN BANNONS identitärer Rechts-Organisation. München war bekanntlich die Hauptstadt der »Bewegung«. Eigentlich wollen wir ja nicht nur, dass etwas sich bewegt, sondern vor allem wissen, wohin. Das Gleiche gilt für Worthülsen wie Wandel, Wechsel usw.

Literaturhinweise

Boudet, Dominique (Hg.): Wohngenossenschaften in Zürich, Gartenstädte und neue Nachbarschaften. Park Books 2017.

Brand, Ulrich/Wissen, Markus: Imperiale Lebensweise. Oekom 2017.

De Angelis, Massimo: Omnia Sunt Communia. Zed-Books 2017.

Dolan, Paul: Absichtlich Glücklich. 2015.

Habermann, Friederike: Ausgetauscht! Konzepte/ Materialien, Band 10, 2018.

Helfrich, Silke (Hg.): Die Welt der Commons. Transcript Verlag 2017.

Jackson, Tim: Wohlstand ohne Wachstum. 2011.

Jullien, François: Es gibt keine kulturelle Identität. 2016.

Largo, Remo: Das passende Leben. 2017.

Latour, Bruno: Das terrestrische Manifest. 2018.

Layard, Richard: Happiness: Lessons from a New Science. Penguin 2011.

Martignoni, Jens: Das Geld neu erfinden. Versus 2017.

Nelson, Anitra/Schneider, François: Housing for Degrowth. 2018.

Neustart Schweiz: Nach Hause kommen. 2016.

Neustart Schweiz: zusammen haushalten. 2019.

Neustart Schweiz: Das Buch Nur. 2017.

Rosling, Hans et. al.: Factfulness. 2017.

Scheidler, Fabian: Das Ende der Megamaschine. 2016.

Scott, C. James: Against the Grain. 2018.

Streeck, Wolfgang: How Will Capitalism End? Verso 2016.

Wilkinson Richard G./ Pickett, Kate: The Spirit Level: Why More Equal Societies Almost Always Do Better. 2009.

Widmer, Hans (Hg.): Die Andere Stadt. Paranoia City 2017.

www.newalliance.earth

www.o500.org

www.neustartschweiz.ch

Also nochmals, und nun alle:

Der Kapitalismus ist tot, aber sein Terror mit Arbeitszwang, Profitzwang und Wachstumszwang besteht weiter.

Je toter der Kapitalismus ist, umso grausamer verteidigen seine politischen Clowns seine Hülle.

Die Alternative zum Kapitalismus ist nicht wieder ein anderes System, sondern eine ganze Palette anderer Lebensweisen.

Diese beruht darauf, dass wir nicht bewerten und tauschen, sondern kooperieren und teilen.

Unser Leben lässt sich gegen nichts eintauschen.

Es geht nicht darum, die Verkehrsmittel zu verbessern, sondern die Distanzen zu verkürzen.

Je schöner es an Punkt A ist, umso weniger müssen wir zu Punkt B fahren.

Um 16 Millionen neue Nachbarschaften für 8 Milliarden Menschen zu schaffen, braucht es eine umfassende Neuverteilung unserer Ressourcen.

Der Weltpalast: Wenn wir alle so lebten, wäre der Planet gerettet:

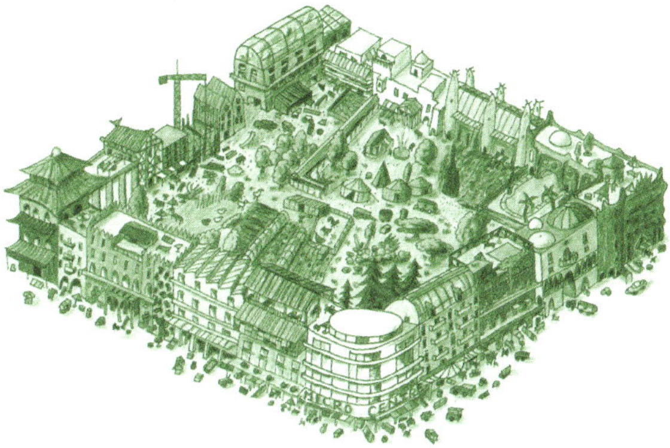

500 Menschen

1 ha

60 ha Landbasis

Mikrozentrum

Ein Vorschlag

Noch in diesem Jahrhundert wird die Weltbevölkerung mit 10 Milliarden Menschen ihren größten Umfang erreicht haben, danach tritt eine demografische Wende ein. Darauf deuten die abnehmenden Geburtenraten in fast allen Ländern hin. Unser Ziel besteht also darin, Bedingungen zu schaffen, die für 10 Milliarden Menschen ein glückliches Leben ermöglichen. Das heißt, dass überall die Grundbedürfnisse erfüllt werden und zugleich genügend Raum für die Entfaltung der individuellen Wünsche und Talente geschaffen wird.

Dieser Text befindet sich neben der englischen, französischen und griechischen Übersetzung auf newalliance.earth. Weitere Übersetzungen sind in Arbeit.

Die Ausgangslage
Wir stehen folgenden Herausforderungen gegenüber:
- ökologische Grenzen (Ressourcen, Ernährung, Flächen)
- ökonomische Grenzen (Verwertungskrise, Ungleichheit)
- individuelle Entfaltung und soziale Geborgenheit

Ökologische Grenzen
Wie viele Ressourcen können wir verbrauchen, ohne den Planeten zu ruinieren? Dies ist eine auf die Schweiz umgerechnete Ökobilanz auf der Grundlage von Forschungen des Stockholm Resilience Center:

Durchschnitt pro Kopf in der Schweiz 2005

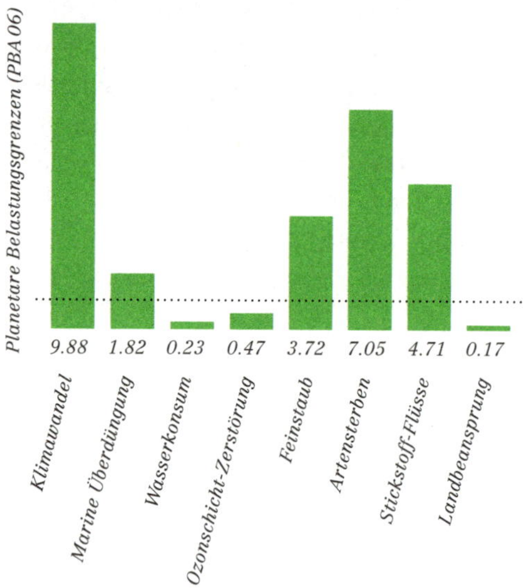

Die punktierte Linie markiert die größte tragbare Schadensgrenze. Unsere Lebensweise überschreitet klar die planetarischen Belastungsgrenzen. Am kritischsten sind Klimawandel und Artenverlust.

Unsere gegenwärtige Lebensweise ist nicht zukunftstauglich. Eine Lebensweise, die die planetarischen ökologischen Grenzen einhält, müsste etwa so aussehen (Schweiz; eine mögliche Variante von vielen):

- 20 m^2 Privatwohnraum (Schweiz heute: 45 m^2)
- 2,5 m^2 Anteil an gemeinsam genutzter Fläche (1.250 m^2 im Mikrozentrum)
- kein Auto
- keine Flüge
- 6 Personenkilometer Regionalzug pro Tag (Schweiz heute: 6 km)
- Europareise Bahn: 1.000 km pro Jahr
- Schiffsreise: 1.000 km pro Jahr
- 15 kg Fleisch pro Jahr (4,3 kg Rind, 7,6 kg Schwein, 3,2 kg Geflügel; Schweiz heute: 51 kg; USA: 120 kg)
- 3 Std. Internet pro Woche (heute: 7)
- 1 Zeitung pro Tag pro 50 Bewohner*innen

Dieses Menu ist für alle 10 Milliarden Menschen tragbar. Die einzelnen Konsumposten lassen sich bis zu einem gewissen Grad untereinander kompensieren: keine Bahnreise, dafür etwas Autofahren, noch weniger Fleisch, dafür mehr Wohnfläche usw. Mit unseren heutigen Haushalten wäre eine solche Lebensweise unnötig asketisch und nicht realisierbar. Wir brauchen also neue Haushaltformen, bei denen wir Ressourcen teilen und gemeinsam nutzen können, um eine komfortable Lebensweise innerhalb ökologischer Grenzen einrichten zu können. Es ist offensichtlich, dass die bisherige »westliche« Massenkonsumgesellschaft nicht universalisierbar ist. Technische Maßnahmen sind zwar immer willkommen, werden aber nicht ausreichen. Wir können uns anders einrichten; es gibt zudem genug Ressourcen für die Entwicklung von Technologien, die uns die Arbeit erleichtern, für ein umfassendes Gesundheitswesen, für den Zugang zu Bildung und Wissen für alle.

Ökonomische Grenzen

Das heutige Wirtschaftssystem ist in einem Zustand permanenter Krise. Die globalen Schulden betragen 226 Billionen Dollar, also 300 % des Weltbruttosozialprodukts (das ist proportional fast doppelt so viel wie die Schulden Griechenlands). Ein aufgeblasener Finanzsektor hat Finanzderivate von 600 Billionen Dollar erzeugt.

Unter dem Druck dieser ausstehenden Werte ist die Wirtschaft gezwungen zu wachsen. Die Biosphäre verträgt jedoch kein weiteres materielles Wachstum – die Wirtschaft sollte schrumpfen, und zwar rasch.

Die Verwertungskrise des heutigen Wirtschaftssystems zeigt sich darin, dass es nur noch durch Quantitative Easing, d. h. Aufkauf von Aktien und Staatsanleihen durch die Zentralbanken und Null-Zins-Politik, durch frei laufendes Drucken von Geld und durch staatliche Subventionen aufrechterhalten werden kann. Welches ist unser Plan B, wenn die Blase platzt?

Automation und Digitalisierung senken die Produktionskosten inzwischen auf fast null. Das wäre eine gute Nachricht, wenn unsere Einkommen nicht von den schrumpfenden und prekärer werdenden Arbeitsplätzen abhängig wären.

In den kommenden Jahrzehnten wird die Hälfte der Arbeitsplätze verschwinden. Das heißt nicht, dass es weniger zu tun gibt in Bereichen wie Pflege, Bildung und Landwirtschaft. Unbezahlte Arbeit wird eher zunehmen.

Wie können wir die schrumpfende bezahlte Arbeit gerecht verteilen und die unbezahlte Arbeit so einsetzen, dass sie uns allen zugutekommt? Wie können wir die 3,5 Milliarden Haushalte des Planeten lebenswert gestalten?

So weitermachen wie bisher wird die Ungleichheit verschärfen oder nicht mildern und die Welt in Gewinner und Verlierer aufspalten, mit allen Folgen, die wir heute gerade akut erleben.

Was wir brauchen, ist eine rationale Sachwirtschaft. Die nicht mehr funktionierende Verwertungswirtschaft wird durch eine Ökonomie ersetzt, die auf direkten Nutzen ausgerichtet und demokratisch organisiert ist. Es gibt vielfältige Formen, unseren Lebensunterhalt herzustellen.

Diese rationale Sachwirtschaft hat folgende Eigenschaften:

- Jede*r trägt bei, was sie*er kann, jede*r bekommt, was sie*er braucht.
- Teilen statt Handeln – Verteilen statt Vermarkten
- Kooperieren statt Konkurrieren

Selbstbestimmte Regulierung beachtet folgende Grundregeln (gemäss ELINOR OSTROM):

1. Es gibt klar definierte Grenzen und einen wirksamen Ausschluss von externen Nichtberechtigten.
2. Die Regeln bezüglich der Aneignung und Bereitstellung der gemeinschaftlichen Ressourcen müssen den lokalen Bedingungen angepasst sein.
3. Die Nutzer*innen können an Vereinbarungen zur Änderung der Regeln teilnehmen, sodass eine bessere Anpassung an sich ändernde Bedingungen ermöglicht wird.
4. Die Einhaltung der Regeln wird überwacht.
5. Es gibt abgestufte Sanktionsmöglichkeiten bei Regelverstößen.
6. Es gibt einfach zugängliche Mechanismen zur Konfliktlösung.
7. Die Selbstbestimmung der wirtschaftlichen Gemeinschaft wird durch übergeordnete Regierungsstellen (bzw. Institutionen, Module) anerkannt.

Eine solche Wirtschaftsform braucht also klar definierte Module, Institutionen und Regeln. Sie zerfällt in drei Wirtschaftssphären, die sich ergänzen und teilweise überschneiden:

- Die Subsistenzwirtschaft der Haushalte (Nachbarschaften), wo hauptsächlich unbezahlte Arbeit (inkl. Landarbeit) denjenigen zugutekommt, die sie verrichten.
- Zusätzliche öffentliche Dienste und Industrien, die gemäß dem Willen und den Zielen der Bürger*innen eines territorialen Moduls organisiert werden.

- Eine Sphäre nicht lebenswichtiger Produktion, wo verschiedenste unabhängige Unternehmensformen – individuell, kooperativ, assoziativ – bestehen.

Individuelle Entfaltung und soziale Geborgenheit

Armut macht unglücklich, Arbeitsstress macht krank. Nationen mit großer Ungleichheit haben mehr Verbrechen, die Menschen sind kränker und unglücklicher, Arme wie Reiche. Die moderne Industriegesellschaft hat patriarchalische Familien und bedrückende Zwangsgemeinschaften aufgelöst, doch das Bedürfnis nach Zugehörigkeit, gegenseitiger Unterstützung und lockerer Geselligkeit kommt heute zu kurz. Soziale Spiele brauchen einen Rahmen. Phänomene wie ungewollte Einsamkeit, fehlende Anerkennung, Ghettoisierung, Anonymität verlangen nach neuen Gesellschaftsformen, die sowohl Respekt vor der Privatsphäre als auch soziale Geborgenheit bieten. Vor allem die Kinder brauchen angesichts der Überforderung der Kernfamilien ein gesellschaftliches Umfeld, in dem sie sich sicher und behütet entwickeln können. Die meisten Haushalte sind heute Single- und Paarhaushalte – sie brauchen eine Ergänzung in einem gesellschaftlichen Nahraum.

Die Grundbedürfnisse sind zwar – zumindest bei uns – abgedeckt, aber individuelle Selbstentfaltung, Selbstbestimmung und Selbstwirksamkeit kommen bei der Arbeit und zu Hause immer noch zu kurz.

Es gilt also, neue Lebensformen zu finden, in denen sich Menschen jeden Alters geborgen und einer Gemeinschaft zugehörig fühlen, soziale Anerkennung erhalten und eine gesicherte soziale Stellung einnehmen. Es braucht einen neuen Rahmen jenseits des bloßen Wohnens und Konsumierens, der Verantwortlichkeit gegenüber anderen mit individueller Entfaltung verbindet. Neue Lebensformen brauchen eine breite Palette von Wohnformen für Singles, Paare, Familien und Wohngemeinschaften aller Art, die man je nach Lebenssituation wechseln kann, ohne die Nachbarschaft verlassen zu müssen.

*Fünf globale Module (*Glomos*)*

Um den oben skizzierten Herausforderungen begegnen zu können, schlagen wir vor, die 3,5 Milliarden Haushalte der Welt mit den fünf folgenden Modulen zu organisieren:

1. 16 Millionen Nachbarschaften (*Glomo 1*)
2. 400.000 Quartiere/kleine Städte (*Glomo 2*)
3. 4.000 große Städte/Regionen (*Glomo 3*)
4. 800 Territorien (*Glomo 4*)
5. 1 Welt (*Glomo 5*)

Vergleichbare Organisationsformen und -größen sind notwendig, damit keine systemischen Machtgefälle entstehen und ein gerechter Austausch auf gleicher Augenhöhe möglich wird. Die Module bieten zugleich klare räumliche Hierarchien für die Gestaltung lebenswerter Städte.

*1. Ökologisch und sozial integrierte Nachbarschaften (*Glomo 1*)*

Sie haben folgende Richtwerte:

- Lebensweise innerhalb der PBA (Planetary Boundaries Allowances)
- 500 Personen, demografisch durchschnittlich gemischt
- demokratisch strukturiert (Genossenschaft, Verein)
- kompaktes Gebäude in urbaner Umgebung (Ausnutzungsziffer ~ 2)
- interne Hauswirtschaft
- Mikrozentrum
- Verknüpfung mit regionaler Landbasis von 60 bis 80 ha
- breite Palette an Wohnformen von Einzelzimmern über Familienwohnungen bis Wohngemeinschaften; die Privatsphäre bleibt gewahrt.

*Das ist eine Impression einer Nachbarschaft (*Glomo 1*) in einer älteren europäischen Stadt.*

Die Bewohner*innen einer Nachbarschaft bilden einen erweiterten Haushalt, der die wesentlichen Existenzgrundlagen sichert. Jede Nachbarschaft ist verbunden mit einer Landbasis, die den größten Teil der Nahrungsmittel produziert. Unter mitteleuropäischen Bedingungen sind dafür etwa 60 ha notwendig, in tropischen und subtropischen Gebieten weniger. Das folgende Sortiment und sein Flächenbedarf wurden für mitteleuropäische Bedingungen ausgearbeitet:

Produkt	verarbeitet	Pers./Woche	500 Pers./Woche	pro Jahr	Ackerfläche	Weide
Gemüse		3 kg	1.500 kg	75 t	4 ha	
Kartoffeln		0,8 kg	400 kg	20 t	2 ha	
Getreide	Brotmehl	1 kg Brot = 700 g Mehl	350 kg			
	Flocken		50 kg			
	Grieß		50 kg			
	Pasta		150 kg			
Hülsenfrüchte	Tofu		20 kg	1 t	1 ha	
Ölsaaten	Kerne		20 kg	1 l	2 ha	
	Öl		20 l	1.000 l		
Früchte, Obst und Beeren	Most, Kompott, Essig etc.	1,5 kg	750 kg	39 t	2 ha	
Milch		0,5 l = 0,5 l	250 l	30–40 Kühe	10 ha	15 ha
	Joghurt	0,5 kg = 0,5 l	250 l			
	Käse	0,3 kg = 3 l	1.500 l			
	Butter	0,1 kg = 3 l	1.500 l	182.000 l		
Eier		2–3	1.250	65.000	2 ha	
				260 Hühner		
Fleisch	Rind, Kalb, Schwein, Schaf	0,3 kg	150 kg	7.5	4 ha	9 ha
				15 kg p. Person/Jahr		1 ha
	Würste					
Total					37 ha	62 ha
tierisch					16 ha	41 ha
pflanzlich					21 ha	21 ha

Würde der Fleischverbrauch auf 7,5 kg/Person/Jahr reduziert, wären insgesamt nur 56 ha notwendig. Ein Teil der Fleischproduktion resultiert aus der Milchproduktion. Die in dieser Tabelle angegebene Menge an Milchprodukten entspricht nicht dem ökologischen Menübeispiel auf Seite 2.

Nachbarschaft 1 ha | 20–50 km | Landbasis 62 ha

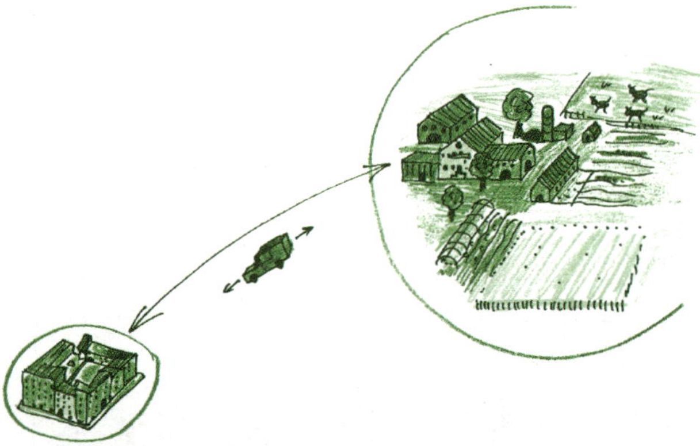

Das Mikrozentrum einer urbanen Nachbarschaft ist mit einer Landbasis in der Region verbunden (ein oder mehrere Landwirtschaftsbetriebe).

Das Mikrozentrum ist sowohl das logistische als auch das soziale und kommunikative Herz einer Nachbarschaft. Es befindet sich im Erdgeschoss und ist von allen Punkten der Nachbarschaft innerhalb 1 Minute zu Fuß erreichbar, 24h / 365 Tage. Es sieht schematisch dargestellt so aus:

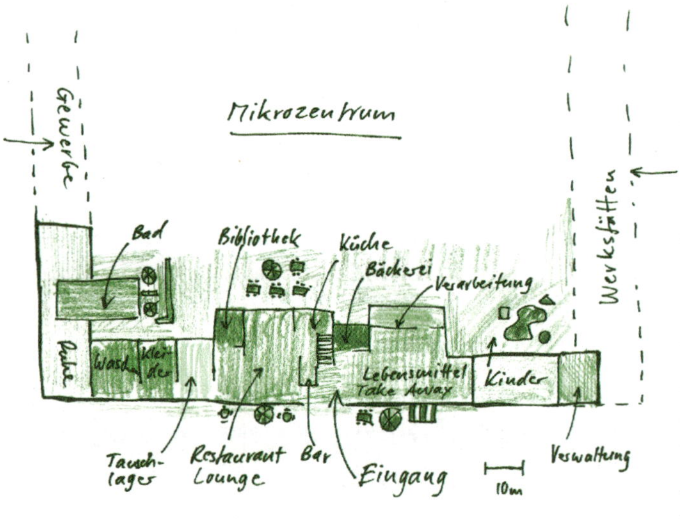

Ein in einem selbstbestimmten Prozess beschlossenes Betriebskonzept organisiert bezahlte und nicht-bezahlte Arbeit so, dass alle gemäß ihren Fähigkeiten und Talenten teilnehmen und zugleich von den gemeinsam erbrachten Leistungen profitieren können.

In der Schweiz werden 7,9 Milliarden Stunden bezahlte und 9 Milliarden Stunden unbezahlte Art (hauptsächlich Haushalt- und Pflegearbeit) pro Jahr verrichtet. Auf die gesamte Lebenszeit (inkl. Schlaf) umgerechnet macht die bezahlte Arbeit 12% aus.

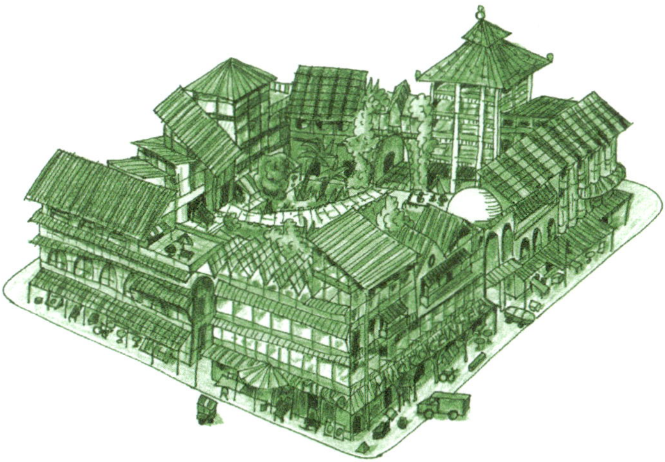

*So könnte eine Nachbarschaft (*Glomo1*) in einer tropischen Stadt aussehen.*

Momentan beträgt die bezahlte Arbeit 22 Stunden pro Person pro Woche, die unbezahlte 24 Stunden, jedoch 65 Stunden mit Kindern im Haushalt.

In einer wie oben organisierten Nachbarschaft beträgt die bezahlte Arbeit 14,5 Std., die unbezahlte 24 Std. (inkl. Landarbeit), total 38,5 Std., 44,3 Std. in Haushalten mit Kindern (Schätzungen). Die als gemeinsame Hauswirtschaft organisierte Nachbarschaft (*Glomo 1*) …

... kann durch Teilen von Konsumgütern (insbesondere Lebensmittel) flexibel auf Bedürfnisse eingehen,
... kann durch Teilen von Räumen die private Wohnfläche reduzieren,
... kann die Mitarbeit flexibel und bedürfnisgerecht einteilen,
... ermöglicht Geborgenheit und Raum für individuelle Entfaltung,
... respektiert ökologische Grenzen und bietet den Komfort eines 4-Sterne-Hotels,
... schafft Empowerment und Selbstwirksamkeit für seine Mitglieder,
... ist Grundlage einer ökologischen und verbündeten Landwirtschaft,
... schafft als Grundeinheit dichte, vielfältige und lebensfreundliche Städte (ein Mikrozentrum alle 100 m),
... bietet Möglichkeiten für Feste, Feiern und andere soziale Anlässe,
... kann bezahlte und unbezahlte Arbeit rationeller gestalten und besser lokal kombinieren,
... schafft eine grundlegende, materielle Souveränität und eine stabile Grundeinheit der Demokratie im Haushaltbereich, wo wir 70 % unseres Lebens (inkl. Schlaf) verbringen.

Dieses Grundmodul ist – mit allen nötigen klimatischen und anderen lokalen Anpassungen – universalisierbar. Man könnte also sagen, dass die Welt gerettet ist, wenn alle Erdbewohner*innen in 16 Millionen 4-Sterne-Hotels wohnen, die sich selbst mit Lebensmitteln versorgen.

2. Quartiere und kleine Städte als Basisgemeinden (Glomo 2)

Quartiere (Stadtteile oder kleinere Städte) bilden das erste öffentlich-politische Modul. Sie haben um die 20.000 Bewohner*innen, umfassen also etwa 40 Nachbarschaften und erbringen verschiedenste allgemein zugängliche Dienstleistungen. Dazu gehören unter anderem:

- ABC (nicht-kommerzielles, politisch-intellektuelles Zentrum mit Hotel, Quartier-College, Globex = Fair Trade Lebensmittellager)
- Bürger*innenservice (Polizei, Verwaltung, Friedensrichter*innen usw.)
- ein Gesundheitshaus
- THEMA; kooperativ-industrielles Netzwerk/Zentrum; »Machplatz«
- Grundschulen, Gymnasium
- Wasserversorgung
- Energiesysteme
- kommunale Industrien
- Recycling und Entsorgung
- öffentlicher Verkehr
- kulturelle und sportliche Einrichtungen
- Reserve- und Ausgleichsfonds
- Fuhrpark

Einrichtungen mit Publikumsverkehr werden am zentralen Quartierplatz angesiedelt, damit Distanzen kurz sind und Synergien unterstützt werden. Dort werden sich auch weitere private und kooperative Unternehmungen ansiedeln, die zusätzliche Angebote leisten: Bank, kleine Restaurants und Bars, Kiosk, Konfiserie, Spezialgewerbe usw.

Als Teile von größeren Städten erbringen die Quartiere die meisten ihrer öffentlichen Aufgaben gemeinsam im Rahmen der Stadt. Als kleine Landstädte sind sie effiziente Basisgemeinden.

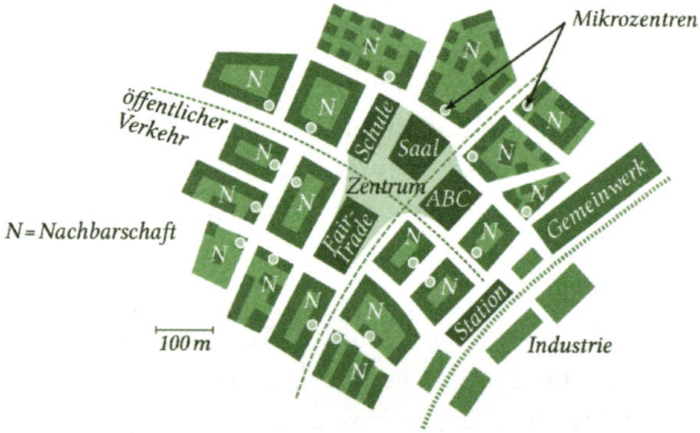

Schematische Karte eines Stadtquartiers oder einer kleinen Stadt.

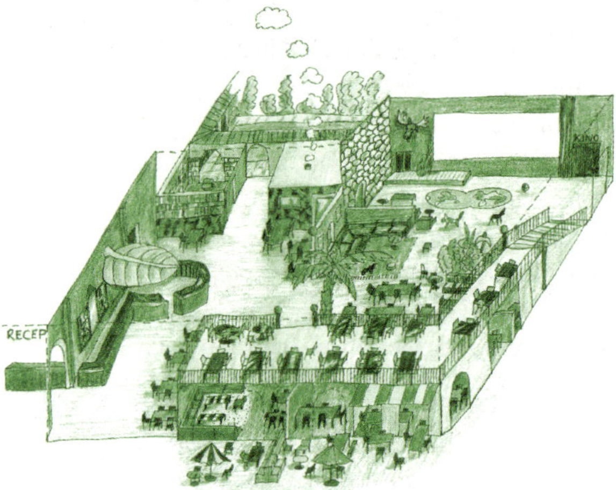

Innenansicht eines ABC: Oben rechts befindet sich die »World Wall«, mit der man mit den anderen 399.999 ABCs in Kontakt tritt.

3. Regionen und große Städte (Glomo 3)

Die großen Städte werden den Rahmen für die typische Lebensweise der Zukunft bilden. Das Leben in verdichteten Stadtzentren ist gesünder, ökologischer und glücklicher als auf dem Land oder in Agglomerationen. Eine große Stadt von um die 500.000 Bewohner*innen (mit einer zusätzlichen Million im Umkreis von 50 km) bildet zudem das Dienstleistungszentrum einer Region. In einem Territorium gibt es sechs bis zehn Regionen, je um die 6.000 bis 10.000 km^2 groß. Selbstverständlich müssen Regionen so abgegrenzt werden, dass sie topografisch, verkehrstechnisch und funktional tragfähig sind. Solche Regionen gibt es überall auf der Welt um größere Städte herum, oft heißen sie Metropolitanregion. Innerhalb einer Region befinden sich die meisten Landbasen der Nachbarschaften.

Ein Metro-Foyer für Zürich auf dem Areal des Globus-Provisoriums: In der Halle des Erdgeschosses befinden sich Bars und Restaurants von Partnerstädten aus aller Welt, die zugleich als Informationszentren dienen. Weiter hinten ist die Empfangslobby der Stadt Zürich. Im oberen Geschoss gibt es Räume für Parteien, NGOs, ein Stadtlabor, Sitzungszimmer und ein großes Panoramarestaurant mit günstigen Preisen und einer gehobenen Gourmetabteilung.

Eine große Stadt braucht ein starkes, multifunktionales Zentrum, damit Synergien entstehen und die Wege möglichst kurz bleiben (Ökologie). Die große Stadt als Regionalzentrum erfüllt unter anderem folgende Funktionen:

- Universität
- Spital
- öffentliche Transportmittel
- Energiesysteme

- Wasserversorgung
- Regionalbank
- Theater / Oper
- Sporteinrichtungen
- Regionalgericht und Regionalverwaltung
- regionale Industrien
- Plattform für kooperative Innovationen und Unternehmungen (Kooperatorium)
- Metrofoyer (ein großzügiger Treffpunkt für Gäste, gesellschaftliche Initiativen, Prozesse und Organisationen)

*4. Territorien (*Glomo 4*)*

Als Modul entsprechen Territorien einem Gebiet von 225 km Seitenlänge, haben also eine Fläche von um die 50.000 km^2 und um die 10 Millionen Einwohner*innen, also die Größe von Ländern wie Estland oder Belgien oder von Baden-Württemberg. Sie sind rein funktional und a-ethnisch definiert. Sie dürfen keinesfalls mit Regionen verwechselt werden.

Territorien sind groß genug, um überregionale Dienstleistungen in den Bereichen Energie, Verkehr, Bildung, Versicherungen, Nothilfe, Gesundheit, Industrien, Justiz/Polizei, Banken usw. tragen zu können. Sie unterhalten lebenswichtige Industrien. Sie fungieren als souveräne ökonomische Makroeinheiten (Währung, Zentralbank, Grenzmanagement, Finanzausgleich, ökologische und soziale Regulationen). Sie eignen sich gut für transparente demokratische Strukturen.

Da Territorien groß genug sind für eine gewisse materielle Autonomie, aber kleiner als große Nationen, helfen sie mit, Machtungleichgewichte aufzuheben und so zu Basis-Subjekten einer ausgewogenen globalen Zusammenarbeit zu werden. Territorien können kontinentale Zweckverbände bilden (Verkehr, Forschung, Industrie usw.).

Eine Welt von Territorien könnte so aussehen (die Grenzen sind willkürlich).

5. Der Planet (Glomo 5)

Die globale Allianz der 800 Territorien konstituiert sich als eine eigene Organisation. Sie übernimmt folgende Aufgaben:

- Überwachung und Schutz der Biosphäre
- Organisation der Zusammenarbeit der Territorien
- Lösung von Konflikten zwischen Territorien
- Regulation von Grenzen
- Verteilung globaler Ressourcen
- Weltbank
- Nothilfe (Katastrophen, Epidemien, Lebensmittel, Medikamente)
- Teilen von Know-how
- Forschung
- Weltraumforschung
- globales Gerichtswesen
- Sicherheit und Sanktionen
- Produktion und Verteilung von technischen Komponenten, Programmen und Materialien
- Transportsysteme
- Kommunikationssysteme (öffentliches Internet, Globonet)
- kultureller Austausch
- und so fort

Eine künftige globale Organisation kann sich nur teilweise auf die heutigen internationalen Institutionen abstützen. Während FAO, UNICEF und WHO einigermaßen akzeptiert sind, sind andere Instanzen wie die UNO als Ganzes, aber auch Weltbank, Internationaler Währungsfonds, WTO, Nato usw. dermaßen in Misskredit geraten, dass es hier einen radikalen Neuanfang bräuchte. Dieser Neuanfang müsste parallel zum Empowerment der potenziellen Territorien geschehen, also von unten und von oben her gleichzeitig erfolgen. Eine globale Organisation (GO) braucht zwei Elemente: Legitimität und Demokratie.

Die Legitimität kann analog zu erprobten demokratischen Strukturen hergestellt werden: Jedes der ca. 800 Territorien entsendet je zwei Vertreter*innen (je eine Frau und einen Mann) in eine globale Versammlung. Eine permanente Direktübertragung der Sitzungen über das Globonet garantiert die Transparenz. Die Delegierten können mit ihren Wähler*innen live kommunizieren.

Dieser globale »Große Rat« konstituiert sich als »arbeitende Versammlung« und wählt Kommissionen für die verschiedenen Aktivitätsbereiche. Eine Koordinationskommission (der »Kleine Rat«) von vielleicht 25 Personen behält den Überblick und hilft Parallelismen zu vermeiden.

Zusammenfassung

Eine neue Weltökonomie stellt sich dar als eine gestärkte Haushaltsphäre, eine Sphäre öffentlicher Dienstleistungen (welche die versagenden Märkte ablöst) und als eine Sphäre verschiedenster Organisationsformen.

Wenn wir die verschiedenen Funktionen/Tätigkeiten auf Module und Wirtschaftsbereiche verteilen, so erhalten wir eine Tabelle dieser Art (weder Vollständigkeit noch Prioritäten sind beachtet):

Modul	öffentliche Dienste	kreativ/kooperativ	Land- und Hauswirtschaft
Planet (*Glomo5*) 10 Mrd. Personen	Rohstoffe, Chemie, Schiffe und Fahrzeuge, Nothilfe, Kommunikation, Transportmittel, Globonet, Wissenschaft, elektr(on)ische Komponenten, Medikamente, Forschung, Weltbank	Software-Entwicklung, Musik, Literatur, Film	Saatgut, Gewürze, Kaffee, Kakao, Tee, Wein, Olivenöl, Käse, Fischkonserven, Tomatenpüree, Getreide …
Territorium (*Glomo 4*) 10 Mio. Personen	Energie, Bahnen, Gerichte, Zentralbank, Kommunikation, Polizei, Universitäten, Industrien, Versicherungen	Textilien, Glas, Fahrräder, Teppiche, Literatur, Zirkus	Getreide, Kartoffeln, Zucker, Bier, Wein, Salz, Käse, Würste, Fette …
Region, Stadt (*Glomo 3*) 500 Td. bis 1 Mio. Personen	Energie, Wasser, Gesundheit, Verkehr, Bau und Baustoffe, Feuerwehr, Regionalbank, Verkehr, Theater / Oper, Polizei, Kanalisation, Energie, Wasser, Uni, Sportanlagen, Kooperatorium	Möbel, Holzverarbeitung, Leder, Möbel, Kleider, Fahrzeugmontage, Schmuck, Gastronomie, Keramik, Cabaret, Galerien	Agrozentren für Milchprodukte, Obst(säfte), Gemüse, Eier, Geflügel, Fleisch, Gemüse, Kräuter, Obst, Bier, Würste, Feinkost, Schokolade …
Quartier Kleinstadt (*Glomo 2*) 20 Td. Personen	Gymnasium, ABC, Grundschule, Gesundheitshaus, Energie, THEMA, Installationen, Pflegezentrum	Schuhe, elektr(on)ische Apparate, Hüte, Färben, Werkstätten	Kräuter, Mahlzeiten, Teigwaren, Feingebäck, Limonaden …
Nachbarschaft (*Glomo 1*) 500 Personen		Kleidung, kleine Restaurants, Bar, Coiffeur, Yoga-Raum, familienexterne	Mikrozentren, Mahlzeiten, Milchprodukte, Kräuter, Energie, Reinigen, Hauswartung, Alltagskultur, Beeren, Kinderbetreuung, Kleidung, Waschen, Werkstätten …

Demokratische Institutionen

Die Institutionen richten sich an OSTROMS Empfehlungen aus, sodass größere Sphären/*Glomos* als Garantie- bzw. Rekursinstanz kleinerer funktionieren, gemäß dem Prinzip der Subsidiarität.

Modul	Legislative	Exekutive	direkte Demokratie
Nachbarschaft	Generalversammlung	Vorstand	Aufruf zu Versammlungen
Quartier Kleinstadt	großer Rat (100)	kleiner Rat	Vorschlag / Referendum
Region / Stadt	großer Rat (100)	kleiner Rat	Vorschlag / Referendum
Territorium	großer Rat (400)	kleiner Rat	Vorschlag / Referendum
Welt	großer Rat (2000)	kleiner Rat	–

Sie sind gemäß dem bewährten Modell als eine Mischung von direkten und repräsentativen Formen gestaltet. Plebiszitäre Rechte sollten vorerst nur dort eingesetzt werden, wo eine gewisse Übersichtlichkeit besteht, damit sie nicht populistisch manipuliert werden können

Der globale Umbau und seine Finanzierung

Voraussetzungen für das Funktionieren der Module ist ein vergleichbares Niveau des Infrastrukturausbaus, also eine gewisse globale Gleichheit.

- 2016 betrugen die weltweiten Militärausgaben 1,686 Billionen Dollar.
- Der Irak-Krieg kostete 3 Billionen Dollar.
- 2015 betrug die globale Entwicklungshilfe 131,59 Milliarden Dollar.
- Gemäß Schätzungen der Weltbank betrugen die Überweisungen von Migrant*innen im Jahr 2016 585,1 Milliarden Dollar, wovon 442 Milliarden in Entwicklungsländer flossen.
- Im Jahr 2006 betrug der Nettorückfluss aus dem planetarischen Süden in den Norden 658 Milliarden Dollar.

- Eine weltweite TOBIN-Steuer von 0,01 % auf Finanztransaktionen würde etwa 125 Milliarden Dollar erbringen.
- Mindestens 18,5 Billionen Dollar werden von reichen Personen versteckt, was einen weltweiten Steuerverlust von 156 Milliarden bedeutet.
- Es gibt heute 2.000 Milliardäre in 20 Ländern. Eine jährliche Vermögenssteuer von nur 1,5 % würde 74 Milliarden Dollar erbringen.
- 1972 versprachen die reichen Länder 0,7 % ihres BIP für Entwicklungshilfe zur Verfügung zu stellen, was nur die wenigsten erfüllten. 0,7 % des globalen BIP wären 560 Milliarden Dollar.

Während Industrieländer des Nordens teilweise hypertrophe Infrastrukturen haben, fehlen diese im planetarischen Süden: Spitäler, Schulen, öffentlicher Verkehr, Kommunikationssysteme, Energie, Wasser, mechanische Ausrüstungen. Es wird also eine entsprechende zeitweise Umleitung von Investitionen erforderlich sein.

Wenn wir für die weltweit möglichen 16.000.000 Nachbarschaften (*Glomo 1*) je 5 Mio. Dollar einsetzen, dann wird eine Investitionssumme von 80 Billionen Dollar benötigt (heutiges Welt BIP: 77 Billionen). Das wäre unrealistisch. Die Zahl 5 Millionen ist willkürlich, aber einigermaßen plausibel. Im Norden sind 5 Millionen Dollar nicht viel und genügen knapp, um eine Nachbarschaft und ihre Landbasis umzubauen (Mikrozentrum usw.). Im Süden kann man mit 5 Millionen Dollar gut zehnmal mehr bewirken, was auch richtig und nötig ist.

Die Tatsache, dass wir – die sogenannten 99 % – nur die Hälfte des globalen Vermögens besitzen, klingt zwar skandalös, kann aber auch positiv gesehen werden: Wir besitzen 50 % der Assets, und es ist an der Zeit, dass wir damit etwas Vernünftiges machen. Einige von uns 99 % erhalten durchaus anständige Löhne und könnten es sich leisten, zum 10-Milliarden-Plan beizutragen. Das umso mehr, als er ja auch ihre Lebenskosten senken würde.

Da der Nachbarschaften-Umbau in den reichen Ländern aus dem normalen Investitionsfonds bezahlt werden kann, brauchen wir nur eine zusätzliche Finanzierung (bzw. dadurch beschaffte Ressourcen) für die ärmsten 30 %, 2,5 Milliarden Menschen, also 27 Billionen Dollar. Verteilt auf zwanzig Jahre wären das 1,35 Billionen pro Jahr, was machbar ist.

Wenn wir die Schweiz als Beispiel nehmen, dann entsprechen 1,35 Billionen proportional zu den 0,67 %, die sie zum Welt-BIP beträgt, 9,045 Milliarden. Die Schweizer Lohnabhängigen verdienen pro Jahr 400 Milliarden (Franken bzw. Dollar). Die 9,045 Milliarden entsprechen also 2,26 % davon oder 142 Franken des Medianlohns von 6.300 Franken. Wenn wir wollen, können wir also den Umbau ganz allein bezahlen, ohne Milliardäre enteignen oder besteuern zu müssen. Initiativen zur Realisation des Vorschlags können überall und auf allen Ebenen gestartet werden.

Einige sinnvolle Bücher:

Boudet, Dominique (Hrsg.): Wohngenossenschaften in Zürich, Gartenstädte und neue Nachbarschaften. Park Books 2017.

De Angelis, Massimo: Omnia Sunt Communia. Zed-Books 2017.

Dolan, Paul: Happiness by Design. 2017.

Helfrich, Silke (Hrsg.): Die Welt der Commons – Muster gemeinsamen Handelns. Transcript Verlag 2017.

Jackson, Tim: Wohlstand ohne Wachstum. 2009/2017.

Kahneman, Daniel: Schnelles Denken, Langsames Denken. 2012.

Largo, Remo: Das passende Leben. 2017.

Layard, Richard: Happiness: Lessons from a New Science. Penguin 2011.

P.M.: »The Power of Neighborhood« and the Commons. Autonomedia 2014.

Neustart Schweiz: Nach Hause kommen. 2019.

Nelson, Anitra/ Schneider, François: Housing for Degrowth. 2018.

Raworth, Kate: Doughnut Economics: Seven Ways to Think Like a 21st-Century Economist. Chelsea green Publishing 2017.

Rosling, Hans et. al.: Factfulness. Sceptre 2018.

Streeck, Wolfgang: How Will Capitalism End? Verso 2016.

Tiddens, Harris C.M.: Wurzeln für die lebende Stadt. Oekom 2014.

Vontobel, Werner/ Frohofer, Fred: zusammen haushalten. 2019.

Wilkinson Richard G./ Pickett, Kate: The Spirit Level: Why More Equal Societies Almost Always Do Better. 2009.

Widmer, Hans (Ed.): Die Andere Stadt. Paranoia City 2017.

Originalausgabe

prverlag@hirnkost.de; www.jugendkulturen-verlag.de

1. Auflage März 2020

Vertrieb für den Buchhandel:
Runge Verlagsauslieferung; msr@rungeva.de

Privatkunden und Mailorder:
https://shop.hirnkost.de/

Layout: Manuel Süess, Zürich/www.msueess.com
Illustrationen: P.M.
Lektorat: Gabriele Vogel

ISBN:
PRINT: 978-3-948675-12-7
PDF: 978-3-948675-14-1
EPUB: 978-3-948675-13-4

Dieses Buch gibt es auch als E-Book –
bei allen Anbietern und für alle Formate.

Unsere Bücher kann man auch abonnieren:
https://shop.hirnkost.de/